불교의
수행법과 나의 체험

우룡스님 지음

효림

불교의 수행법과 나의 체험

초 판   1쇄 펴낸날 2004년   2월   20일 (초판 9쇄 발행)
개정판   3쇄 펴낸날 2022년   3월   10일

지은이 우룡큰스님
펴낸이 김연지
엮은이 김현준
펴낸곳 효림출판사

등록일 1992년 1월 13일 (제2-1305호)
주 소 서울시 서초구 반포대로14길 30, 907호 (서초동, 센츄리 I)
전 화 (02) 582~6612 · 587~6612
팩 스 (02) 586~9078
이메일 hyorim@nate.com

값 5,500원

ⓒ 효림출판사. 2004
ISBN 978-89-85295-85-7   03220

서　문

　부처님 집안에서는 어떠한 정진방법도 같이 통용된다는 이야기를 나는 자주 합니다. 곧 한 가지 공부를 선택하여 꾸준히 정진하면 같은 차원에 도달하여 법을 같이 쓸 수가 있다는 말입니다.

　나 자신의 경험으로 비추어볼 때, 기도를 하거나 화두를 하거나 염불을 하거나 주력을 하거나 경전을 정해 놓고 읽거나, 그 어떤 수행 방법이라도 귀착점은 똑같다는 것을 확신 할 수 있었습니다. '이 방법은 되고 저 방법은 안 된다' 는 것은 너무나 편벽된 규정입니다. 부처님 집안의 법에 있어 귀착점은 결국 하나입니다.

　그래서 나는 불교의 여러 수행법이 설악산과 같다는 비유를 자주 듭니다. 설악산 대청봉에 올라가는 것을 성불(成佛)이라고 할 때, 그 봉우리로 올라가는 코스는 여러 가지가 있습니다. 물론 가는 도중 겪는 피로함이

나 고달픔, 보고 느끼는 경쾌함이나 경치 등은 각각 다
르겠지만, 대청봉 위를 올라서고 나면 모두가 공통된
산일 뿐입니다.

　이와 같이 염불을 하는 사람·화두를 하는 사람·절
을 하는 사람·경을 읽는 사람이 목적지까지 가는 도
중에 겪는 코스는 조금씩 차이점이 있고, 개개인에 따
라 느낌이나 경험도 다를 것입니다. 그러나 어느 길로
올라가든 마지막 귀착점이 설악산 정상이듯이, 각종
공부의 귀착점도 업을 극복하여 성불하는 것입니다.

　어느덧 출가를 한지도 60년! 그 동안 나는 성불이라
는 정상을 향해 쉬임없이 정진해 왔습니다. 그리고 지
금도 향상의 길을 걷고자 고삐를 늦추지 않고 있습니
다. 이제 공부하는 불자들에게 조그마한 도움이 되었
으면 하는 마음으로 그 경험 중 일부를 글로 옮겨 봅니

다. 부처님 지위에서 볼 때 뱀의 발이요 토끼의 뿔에 불과한 내용임을 너무나 잘 알지만, 불교신행연구원의 요청을 뿌리치지 못하여 글로 엮고 책으로 내게 되었습니다. 부족하나마 뜻있는 불자들의 정진에 길잡이가 되어지기를 축원해 봅니다.

불기 2548년 입춘
경주 금오산 기슭 함월사에서
雨龍 합장

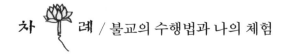

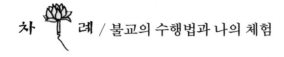

Ⅰ. 흔들림 없는 정진

업의 극복과 성불의 의미

　세상을 살아가면서 세세생생 익혀놓은 업(業)이나 익은 행동 때문에 삶이 자꾸만 옆으로 빗나가는 것을 느낄 때가 많습니다. 우리의 삶을 좌지우지하는 힘! 이를 간단하게 '업'이라는 이름으로 표현을 하였지만, 업이란 참으로 무섭고 어려운 것입니다. 이 업만 잘 극복하면 성불을 할 수 있습니다.

　이 업은 염불 하나만 가지고도 극복이 되고, 주력 하나만 가지고도 극복이 됩니다. 절을 하는 방법으로도 경을 읽는 방법으로도 극복이 되고, 화두만 가지고도 극복이 됩니다.

그런데도 수행 도중에 자꾸만 내 업을 가지고 나를 흔들어 고비를 만들기도 합니다. 또 좋은 인연이 아닌 잘못된 인연들이 나를 위해 주는 척하며 오히려 수행을 깨뜨려 버리는 경우도 많습니다.

'경전 공부를 잘 마쳐야겠다' 는 원을 세우고 경전을 연구하는 학인에게 누군가가 말을 합니다.

"그거 다 소용없어, 참선을 해야 돼. 경전이 무슨 필요 있어? 큰스님한테 화두 받아 참선하는 게 진짜 공부야."

이러한 말을 하여 잘 세운 경전공부의 원을 중간에서 꺾어 버리는 이가 있습니다. 그러나 이때 흔들려서는 안 됩니다. 누가 충고를 했건, 그것은 마구니의 소행이요 마구니의 방해가 되어버리는 것입니다. 그것이 처음에는 좋은 인연으로 가는 것 같을지라도, 실제에 있어서는 하나의 원이 중간에서 꺾이는 것에 불과하다는 것을 우리는 잘 기억해야 합니다.

그러므로 어떤 목표나 원을 세워 수행을 할 때는, 곁에서 어떤 일이 일어나더라도 전부 마구니의 길이요 외도의 길이라고 생각하며 탁 떨쳐 버리고, 내 목표를 향해 나아가야 합니다. 자꾸 옆으로 빗나가는 것은 성불의 길이 꺾어지는 것이라는 생각을 꼭 해야 합니다. 옛 어른들께서는 간곡히 충고하였습니다.

"공부를 지어나갈 때, 무슨 일이 있어도 흔들리지 말아야 한다."

공부, 특히 마음 공부를 한다는 것이 참으로 어려운 일입니다. 방해하는 인연이 너무 많습니다. 중국의 우두선종(牛頭禪宗)을 세운 법륭(法融)선사는 말씀하셨습니다.

"지금 이렇게 이 생활을 하는 나에게 부처님께서 오셔서 더 좋은 가르침을 준다고 할지라도, 나는 지금의 이 생활을 믿고 그대로 밀고나갈 것이다."

이 스님의 말씀처럼, 우리가 수행을 할 때 어떤 큰일이 닥쳐올지라도 꺾어지거나 흔들리지 말아야 합니다.

중생의 욕심으로 가득찬 우리는 처음 세운 원을 지키며 끝까지 나아가지 못합니다. 옆의 딴 인연들 때문에 자꾸만 흔들려서 중간에 그만두게 됩니다. 따라서 성불은 불가능해질 수밖에 없습니다. 나의 스승이신 고봉(高峰)스님께서는 성불의 정의를 이렇게 이야기했습니다.

"지금 여기에서 한 가지 목표를 세웠으면 목표인 거기까지 가는 것이 성불이다. 성불이라는 개념을 너무 거창하게 잡지 말아라. 너무 거창하게 잡으면 내가 목표로 세웠던 것을 중도에 꺾어 자꾸 딴 쪽으로 가게 된다. 한 가지 목표를 달성하기 전에 자꾸 딴 쪽으로 가버리면 성불은 영원히 하지 못하게 된다."

물론 성불은 '부처님이 되는 것' 입니다. 그러나 중생이기에 작은 단위의 성불, 한 단계 한 단계 향상의 목표를 정하여 착실히 나아가야 합니다. 부처님의 경지가 어떠한 것인지도 모르는 사람이 한꺼번에 성불을 목표로 잡고 나아가면 대부분 실수를 하기 마련입니다. 중도포기를 하기 마련입니다. 때로는 전혀 엉뚱한 방향으로 가버립니다. 그러므로 한 가지씩 한 가지씩 목표를 세우고 원을 세워 착실히 나아가야 합니다. 그래야만 진정한 성불이 가능해집니다.

원을 세워라

한 가지 목표를 세워 흔들리지 않고 끝까지 가는 것이 성불일진대, 이 성불을 위해 우리는 분명하고 뚜렷한 원을 세워야 합니다.

원을 세우는 것은 참으로 중요합니다. 예컨대 돈이 많다고 하여 모두가 미국을 가는 것은 아닙니다. '미국을 가고 싶다. 미국을 가야겠다' 는 원이 있어야 미국을 가게 됩니다. 이처럼 일상의 우리에게도 무엇인가 지금보다 향상을 하기 위한 또렷한 원이 있어야 하고, 그 원을 이루기 위해서는 언제나 실천이 뒤따라야 하는 것입니다.

기도를 예로 들어봅시다. 우리가 기도를 할 때 그냥 단순한 기복에 머물고 말 것인지, 그 기도가 자기의 수행으로 이어질 것인지는 기도하는 당사자의 원과 관련이 있습니다.

그렇지만 처음에는 욕심으로 시작하였을지라도 시간이 지남에 따라 욕심이 순화되고 원이 변화되는 것을 느끼는 이들이 많을 것입니다. 앞도 뒤도 없는 욕심만 가지고 시작한 기도일지라도, 차츰 소극적인 원이

나 세속적인 원들이 바로 세워집니다. 그저 물질적이고 인간적인 욕심을 가지고 시작했더라도, 시간이 자꾸 지나면 마음이 안정되어가고 조금씩 시야가 넓어지면서 마음의 눈을 뜨게 됩니다.

'아! 내가 일으켰던 원이 참 어리석었구나. 실제는 그런 것이 아니었는데….'

이렇게 이해가 되면서 더 향상되고 더 발전된 원을 세우게 됩니다. 소극적인 원이 저절로 커지게 될 때 바로 더 향상되고 발전하는 원이 세워지는 것입니다.

나는 주변의 사람들에게 다음과 같은 원을 세울 것을 부탁드립니다.

'세세생생 지은 모든 잘못을 참회합니다.'

'나와 인연 있는 영가들이 밝은 나라에 가서 태어나소서.'

'살아계시는 내 가족들이 모두 다 건강하시고, 모든 일 순탄하소서.'

이렇게 축원을 드리라고 부탁을 합니다. 이것이 비록 소극적인 원이기는 하나, 그 원을 되풀이하여 끊어지지 않게 매일매일 계속해야 합니다. 기도와 정진과 축원을 매일매일 꾸준히 하다보면, 거기에서 머물지 않고 결국은 더 향상하고 싶고 더 발전하고 싶은 어떤 원이 세워지게 됩니다.

만일 특별하게 깨달음에 대한 원을 세운다면 그 원에 맞는 만큼의 실천이 뒤따라야 합니다.

'아! 내가 바라는 건 너무 좁은 틀이었어. 이것 가지고는 안 돼. 좀더 원을 키워야 돼. 그리고 이 원을 나뿐만이 아니라 여러 사람들이 같이 누릴 수 있도록 해야되겠어.'

그런데 우리는 어떤 소원 하나를 이루고 나면 기도를 계속하지 않고 그만두는 경우가 많습니다. 전근대적인 우리 나라의 재가불자들을 보면, 절에서 기도를 열심히 했다고 하는 사람들의 사회생활이 그렇게 순탄하게 풀리지 않고 안 좋은 경우가 더러 있습니다. 그런 경우를 많이 보면서 '왜 그럴까' 생각하였는데, 시간이 지나가면서 분명히 알 수 있었습니다.

'아! 원인은 거기 있다. 부처님의 은혜를 생각하면서 부처님께 축원을 드리기를 대가 끊어지지 않도록 계속해야 되는데, 아들딸 얻어버리면 거기에서 완전히 신

심을 끊어버리니, 이 자체가 배신이 아니겠느냐.'

가령 자식이 없는 이가 부처님께 기도를 하여 자식을 얻었으면, 부처님에 대한 고마운 마음과 그 은혜에 보답하는 마음으로 계속 절에 다니며 신심을 잃지 말아야 합니다. 또 그렇게 태어난 아이에게도 "너는 부처님과의 이러이러한 연으로 세상에 태어났으니, 부처님의 은혜를 잊어버리지 말고 불교를 믿으며 기도를 해라"고 지도를 해야 합니다.

그런데 아이를 얻고 나면 그만입니다. '나는 아들을 얻었으니 그만이고, 부처님 당신은 원래대로 가십시오' 하며 신심을 끊어버립니다. 더더구나 부처님 앞에서 기도를 하여 얻은 아들딸에게도 부처님에 대한 신심을 심어주지 않습니다.

기도를 하여 어떤 원을 이루었으면 그 원을 그대로 이어가고 살려나가야 합니다. 거기에서 마무리해 버리면 안 됩니다. 『자비도량참법』을 보면 다음과 같은 구절이 자주 나옵니다.

"보리심(菩提心)은 한 번만 발하고 마치는 것이 아니다. 자꾸자꾸 보리심을 내어야 하고 많이 내어야 된다."

그 구절을 볼 때마다 나는 생각합니다.

'아, 참으로 옳은 말씀이다. 우리가 꼭 명심을 해야 된다.'

또 한 가지 당부드리고 싶은 말씀이 있습니다. 기도를 하는 분 중에는 처음부터 욕심을 부려 무기한으로 기도를 시작하기도 합니다. 그러나 기한을 정하지 않고 기도를 하다가 보면 중간에 자꾸 해이해지고 지치게 되고, 또 신심이 떨어지게 되는 경우가 많습니다.

말세 중생의 근기로는 무기한으로 한다는 자체가 어려우므로 우선 7일·21일·49일·백일·1년·3년 등의 기한을 정해 놓고 그 기도를 마무리하고, 또 새로이 기한을 정해 놓고 기도를 하는 식의 공부 방법이 참으로 필요하다는 생각을 합니다. 이렇게 해야 처음에 세운 원을 꾸준히 이어갈 수 있고, 향상의 길로 나아가기도 쉽습니다.

꼭 화두선이라야 된다?

이제 다시 대청봉을 향해 올라가는 성불의 방법에 대해 이야기해 봅시다.

근래에 우리 불교 집안에서는 '화두선(話頭禪)이라야 도를 깨치지, 화두선이 아니고는 안 된다' 는 이야기들을 많이 합니다. 염불하는 사람도 주력하는 사람도 못 깨치고, 참회를 하는 사람, 절을 하는 사람, 경전 연구하는 사람도 다 깨치지 못한다고 합니다. 그러나 부처님의 법에는 그런 것이 없습니다.

중국에서 편찬된 『불조통제』나 『고승전』을 보면, 거기에 기재된 어른들이 전부 화두선을 하여 도를 이루신 분이 아닙니다. 무엇이든 한 가지 공부를 꾸준히 흔들리지 않고 지어나간 결과, 큰 도를 이루게 된 것입니다. 그러므로 꼭 어떤 공부를 해야만 성불할 수 있고, 어느 공부는 안 된다는 법은 불교 문중에서는 존재할 수 없습니다.

조선시대 말기에 관세음보살만을 불러 견성하신 무

융(無融)스님이 계셨습니다. 스님은 조선조 말기에 큰 도인으로 추앙을 받은 분으로, 화두정진을 하는 사람이든 주력정진을 하는 사람이든 가리지 않고 모두를 제도하고 가르쳤습니다. 화두정진하여 근대의 한국 선(禪)을 중흥시킨 분으로 추앙받고 있는 경허(鏡虛)스님과는 동시대의 인물인데도, 중생들에게 법을 쓰는 방법이나 방편을 쓰는 방법이 완전히 달랐습니다.

가난한 집안에서 태어난 무융스님은 순천 송광사에서 공양주 노릇을 하며 받은 봉급을 한푼도 쓰지 않고 모아 두었다가, 3년만에 공양주를 사표 내고 그 돈으로 양식을 준비했습니다. 그 길로 산중으로 들어가 굴에서 나오지 않고 3년 동안 관음주력을 하여 견성을 한 다음 굴에서 나와 납자들을 지도하셨습니다. 우리가 잘 알고 있는 백용성스님도 한때 스님의 지도 아래 정진을 했던 분입니다. 무융스님은 납자들을 지도하다가 간혹 말씀하셨습니다.

"너희들 공부만 하느라고 속도 허전할테고 운동량도 부족할테지. 오늘 어느 동네에 가면 누구 집 결혼식이 있어. 가서 음식도 실컷 먹고, 마른 것은 싸가지고 와서 먹도록 해라."

납자들이 가서 보면 말씀과 조금도 틀림이 없었습니다.

스님이 천안 광덕사(廣德寺)의 후불탱화 점안식에 경허스님과 함께 증명법사로 초청을 받으셨을 때의 일입니다. 두 분 스님은 계율 쪽을 그렇게 중요시하는 어른이 아니셨기 때문에, 불사를 잘 마쳐 보시금이 나왔을 때 주막집에 가서 마음껏 먹었습니다. 그리고는 무융스님이 말했습니다.

"이제 구하러 가야 안 되겠나. 송광사로⋯."

"암, 가야지."

경허스님도 맞장구를 쳤습니다. 두 분이 거나한 상태로 순천 송광사에 들어가자 젊은 대중들이 우르르 몰려나와 위협했습니다.

"어디서 이름도 얼굴도 모르는 땡초중이 곡차를 하고 승보 사찰인 송광사에 들어오느냐?"

젊은 장정들 서넛은 한방에 날릴 만큼 신체가 장대하였던 두 스님은 웃옷을 벗고 앉았습니다.

"그래, 몸이 지긋지긋했는데 어디 좀 맞아보자, 두들겨 패봐라!"

젊은 대중들은 우르르 몰려들었다가 기가 질려 밀려

나며 말했습니다.

"저쪽으로 개울을 건너가면 물방앗간이 있으니, 거기 가서 지내시고 절 안으로는 들어오지 마십시요."

두 스님은 절 한쪽 편의 물방앗간으로 가서 곡차를 마시며 하룻밤을 지냈습니다. 이튿날 아침에 경허스님이 말했습니다.

"자, 출발하자."

"좀 있어봐. 내 할일이 하나 남았어."

무융스님은 걸망을 짊어지고 조실방 앞으로 가서 크게 외쳤습니다.

"동고당(東皋堂)! 동고당! 동고당!"

큰 소리로 이름을 세 번 부른 스님은 또 외쳤습니다.

"한평생 중노릇을 한 이가 까치 새끼가 되겠다며 까치 집으로 들어가려 하다니!"

스님은 굵은 주장자로 마룻장을 '꽝꽝' 울리고는 경허스님과 함께 송광사를 떠났습니다.

당시 송광사의 조실인 동고스님은 나이가 많아 세상을 떠날 때가 가까웠습니다. 죽음에 임박한 동고스님은 비몽사몽간에 늘 산보를 다니던 송광사 문을 지나 그 앞의 개울가로 갔습니다. 그런데 난데없는 누각이 보였고, 울긋불긋한 옷을 입은 사람들이 풍악에 맞추어 노래를 부르며 즐겁게 놀고 있는 듯했습니다. 마침 천연색의 옷을 입은 사람이 누각에서 내려오는 것을 보고 스님은 물었습니다.

"무슨 일이 있기에 풍악소리가 들리고, 노래소리·웃음소리가 끊이지 않습니까?"

"진신아미타불께서 현신하여 설법을 하고 계십니다."

평생 정토왕생을 원하여 미타주력을 했던 동고스님은 귀가 확 뚫렸습니다.

'진신아미타불이 오셔서 현신설법을 하시다니! 나도 들어가서 법문을 들어야지.'

스님이 누각의 계단을 막 올라가려고 하는데 뒤에서 험상궂게 생긴 한 승려가 나타나 호통을 쳤습니다.

"한평생 중노릇을 한 이가 까치 새끼가 되겠다며 까치집으로 들어가려고 하느냐!"

그리고는 주장자로 등어리가 으스러지도록 내리치는 바람에 깨어났습니다. 그 이튿날부터 동고스님의 병은 차도가 있었고, 며칠이 지나 병이 다 나은 다음에 스님은 누각의 꿈을 이상하게 생각하여 그곳으로 갔습니다. 하지만 누각이 보이기는커녕, 까치집이 있는 큰 나무 한 그루가 서 있었고, 까치집 속에는 얼마 전에 부화된 새끼 몇 마리가 꿈틀대고 있었습니다.

무융스님이 아니었으면 까치집으로 들어가 까치 새끼가 되었을 동고스님! 스님은 무융스님의 법력으로 다시 살아나게 된 것입니다.

ᢠ

이 이야기를 통하여 보면 화두정진을 했던 경허스님보다 관음염불로 힘을 얻은 무융스님이 훨씬 더 큰 효력을 발휘하셨다는 것을 알 수 있습니다. 따라서 '꼭 화두라야 견성할 수 있다고 고집할 필요가 있느냐' 하는 것입니다. 관음주력으로 득력(得力)하여 도를 깨치신 무융스님은 일상생활을 통해 납자뿐 아니라 일반 사람에게까지 값어치 있는 덕을 베푸셨고, 허물에 떨어지지 않게 하셨습니다. 그런데 꼭 화두라야 된다는 법은 없지 않겠습니까?

또, 무융스님은 광덕사에서 동고스님의 일을 내다보시고 '구하러 가야 되지 않겠느냐'는 말씀을 확실히 하셨는데, '암, 가야지' 하며 맞장구를 쳤던 경허스님이 무융스님이 쳐다본 것을 보고 있었느냐 하는 것입니다. 그리고 순천 송광사에서 하룻밤을 쉬고 난 다음 날에도 경허스님은 그대로 떠나려 하였고, 무융스님은 '할일이 남았다'며 동고스님께 가서 까치집으로 들어 가는 것을 말렸습니다. 그때에도 무융스님은 동고스님 의 일을 분명히 보았는데, 경허스님은 보았다는 증거 가 없습니다.

결론적으로 말해 평생을 화두정진을 하신 경허스님 보다도, 관음주력을 부지런히 하여 깨쳤다고 하는 무 융스님의 혜안이 더 밝았다는 이야기입니다. 물론 이 것만 가지고는 어떤 것이 더 낫다고 이야기 할 수는 없 지만, 관음주력을 해서 법안을 얻은 무융스님이 우리 중생들에게 더 가깝고 더 깊게 덕을 베풀어주신 것을 보면 꼭 '화두선' 만을 고집할 필요는 없다는 것을 느 낄 수 있습니다.

또 한 가지, 백용성(白龍城, 1864~1940) 스님의 예를 들 겠습니다. 용성스님은 의성 고운사에 계셨던 수월(水 月)스님을 찾아뵙고 여쭈었습니다.

"어떻게 공부하는 것이 가장 좋습니까?"

"말세 중생은 업장이 두터워 마음의 공부를 지어도 경전 연구를 해도 장애가 많은 법이지. 천수다라니를 열심히 외워 업장소멸을 한 다음에 공부를 하면, 화두 정진이든 경전이든 장애 없이 쉽게 이룰 수 있다네."

수월스님의 가르침에 따라 용성스님은 열심히 천수다라니를 외웠습니다. 밤낮없이 부지런히 외워 9개월이 되었을 때 꿈을 꾸었습니다. 해인사 장경각 안에서 몸에 실오라기 하나도 걸치지 않은 채 홀딱 벗고 큰 대(大) 자로 드러누워 있는 꿈을 꾼 것입니다.

이 꿈에 대해 수월스님은 말씀하셨습니다.

"업장 소멸이 다 되었다는 신호 같구나."

이는 용성스님이 화두정진을 하든 경전공부를 하든 장애 없이 쉽게 될 것 같다는 예언이었습니다. 그 뒤 용성스님은 꾸준히 화두정진을 하였습니다.

❡

돌아가신 춘성(春城, 1891~1977) 스님은 자주 말씀하셨습니다.

"용성스님은 화두해서 도를 깨치신 분이 아니라, 천수다라니를 하여 도 깨치신 분이시다."

근래에 와서 용성스님이 화두를 하여 도를 깨치신 것

으로 이야기 하고 있으므로 모두가 용성스님이 화두로 도를 깨쳤다고 합니다. 그러나 옆에서 모셨던 춘성스님의 말씀처럼, 용성스님은 화두보다는 천수다라니를 외워 힘을 얻었다고 하는 쪽이 가깝습니다.

요즈음 중국에서는 '아미타불' 을 불러 극락세계에까지 직접 갔다오셨다는 스님이 있어 화제가 되고 있습니다.

그 스님은 인간의 세상에서 7년 동안이나 완전히 자취를 감추었는데, 불과 며칠 동안 극락세계에 가서 아미타불을 친견하고 법문을 들었으며, 돌아가신 자기 스승도 뵙고 되돌아왔다는 것입니다. 이 이야기가 인쇄가 되어 우리 나라에도 널리 알려졌는데, 그 스님의 경우도 화두정진이 아니라 미타염불입니다.

이상에서 살펴본 바를 통하여, 부처님의 가르침에는 꼭 '화두선' 이라야 된다는 규정이 없다는 것을 알 수 있습니다. 자기 노력대로 꾸준히 한 가지 공부를 끝까지 밀어부치면, 결과는 모두 같은 자리로 귀착이 되는 것입니다. 자기도 뚜렷한 입각지에 이르지 못하였으면서 무책임한 주장을 하는 사람들이 더러 있기는 하지만, 부처님의 가르침, 옛날 어른들의 기록, 근래 어른들의 정진하신 모습, 그리고 나의 개인적인 경험으로 비추어보아도 귀착점은 같은 자리가 됩니다.

다시 한 번 말씀드리지만, 부처님께서 가르치신 어떤 정진 방법도 다 최후의 귀착점인 성불로 통하게 되어 있습니다. 흔들리지 않고 자기의 공부를 부지런히 닦아가면, 업이 극복이 되고 혜안(慧眼)이 열리고, 더 나아가 최고 차원에 도달하여 최고의 법을 쓸 수가 있게 됩니다. 그러므로 '화두 아니면 견성을 하지 못한다'는 이상한 말에 흔들리지 말고, 자기의 공부를 꾸준히 지어나가기를 당부드립니다.

한 가지 공부를 끝까지 밀어부쳐라

정녕 원을 세운 우리 불자들이 잊지 말아야 할 것은, 원과 함께 정한 한 가지 공부를 끝까지 밀어부쳐야 한다는 것입니다. 한 가지 공부를 선택해서 죽어라고 밀어부쳐 끝까지만 가버리면, 같은 차원에 도착해서 법을 같이 쓸 수가 있는 것입니다. 나는 이 점을 늘 불자들에게 강조합니다.

꼭 명심하십시오. 공부 방법을 함부로 바꾸면 안 됩니다. 새로운 공부와 연(緣)이 닿아 어떤 큰스님께 화두를 간택을 받았는데, 여태까지 몇십 년 연구하던 공부가 쑥 들어가버리고 그 화두가 확실히 자리를 잡아 다시는 흔들리지 않게 된 경우라면 화두정진을 해야 마땅합니다. 그러나 그런 인연을 만나기 전까지는 여태까지 해온 공부를 그대로 밀고나가야 합니다.

이 공부도 욕심이 나고 저 공부도 욕심이 나서, 이 공부를 좀 하다가 저 공부 좀 하는 식이 되어서는 안 됩니다. 하나의 공부 방법을 택하여 꾸준히 밀고나가면 결국은 도착지가 같아지는 것입니다.

물론 뚜렷한 계기가 있으면 공부 방법을 바꾸어도 좋

습니다. 어떤 이는 염불을 하다가 곁에서 누가 이야기를 한 것도 아닌데, 홀연히 어떤 화두에 대해 의심이 샘솟아 화두공부를 하는 경우가 있습니다. 또 경전을 보거나 큰스님을 친견하여 법문을 듣다가, 뜻밖의 한 말씀에 고리가 걸려 버리면, 여태까지 하던 공부를 그만두고 바로 그 의심 쪽으로 파고들어 가는 경우도 있습니다. 이럴 때는 향상이 참 쉬운 것 같습니다.

그러나 이와 같은 계기가 없는 일반의 경우에는 하던 공부 그대로 해야 합니다. 그대로만 향상해도 끝까지 갈 수 있습니다. 그런데 우리 나라의 불자들은 '화두정진이라야 견성을 하지, 화두 아니면 견성을 못한다'는 이상한 말 때문에 오히려 자기 공부에 대한 주체성을 잃고 방황하는 이들이 많은 듯합니다.

다시 한 번 강조합니다. 공부를 할 때 염불이면 염불, 주력이면 주력, 간경이면 간경을 꾸준히 해나가면 됩니다. 실로 어떤 계기로 "지금의 네 공부는 잘못되었고 다른 공부가 좋다"는 말을 듣게 되면, 그것이 잠재의식 속에 박혀 쉽게 지워지지 않습니다.

그러나 중간에 어떤 것이 걸리든지 상관하지 말고, 처음 공부를 버리지 말고 그대로 밀고나가는 힘이 있어야 됩니다. 자기의 힘이 약하기 때문에 중간에 엉뚱한 쪽으로 걸려들게 되는 것입니다.

앞에서 말씀드린 무융스님께서는 한평생 관음주력 밖에 한 것이 없습니다. 중간에 천수다라니나 화두를 한 것이 아닙니다. 한평생을 관음주력만 가지고 몰아부쳤는데도 크나큰 공을 이루었던 것입니다.

공부를 하다가 절대로 자기 꾀를 부리지 마십시오. 얄팍한 자기 꾀는 방해만 될 뿐, 전혀 보탬이 되지 않습니다.

우리가 어디 가서 '누구는 그 공부를 하여 성취를 했다더라'는 이야기를 듣게 되면, 그 공부에 쉽게 미련이 붙습니다. 그리고 암암리에 그쪽으로 자꾸 욕심이 생겨 마음에 남고, 심지어는 그것이 여태까지 잘 해오던 '나'의 공부를 못하게 방해를 하고 흔들어 놓기도 합니다. 결국 '나'의 힘이 약하기 때문에 그와 같은 결과가 생기는 것이므로, 내가 처음 설정한 그 길을 '죽어라'고 그대로 밀어부쳐야 됩니다.

기도나 염불을 함에 있어서도 어떤 때는 '나무아미타불'을 하는 것이 좋다고 하고, 어떤 때는 '관세음보살', 어떤 때는 '지장보살'을 해야 한다는 식의 구분을 하는 경우가 많습니다. 예컨대, 한 사람이 관세음보살을 택하여 늘 공부를 해왔었는데, "가까운 이가 죽었으니 이제 지장보살이나 나무아미타불을 해야 된다"고 하면 자꾸 흔들리게 됩니다. 이것도 결국 내가 약하니까 흔들리는 것입니다.

불보살님은 대우주 그 자체이신데, 관세음보살이 따로 있고 지장보살이 따로 있고 나무아미타불이 따로 있겠습니까? 다만 옛 어른들이 중생들의 그때 그때의 마음을 위로하기 위해 한말씀씩 하신 것을 결정적인 말씀처럼 착각하여 그와 같은 말이 나오게 된 것입니다.

지금도 일부 스님네들은 꼭 살아 있는 사람에게는 '관세음보살', 죽은 사람에게는 '지장보살', 자신의 앞길을 위해서는 '나무아미타불'을 부르는 것이 고정된 진실인 것처럼 착각을 하고, 신도들에게도 그대로 이야기를 해줍니다.

얼마 전에 한 노보살님이 찾아와 부탁을 했습니다.
"스님, 저는 한평생 동안 불교의 어떤 공부도 하지

않았습니다. 이제부터는 공부를 하다가 죽어야겠다는 결심을 하였습니다. 스님, 마지막까지 지녀야 될 공부 방법을 일러 주십시오."

그 보살님은 '글도 모른다' 고 하고, '일 년에 몇 차례 절에 다닐 뿐' 이라 하고, 나이도 육십이 넘은 것 같아 '나무아미타불' 을 하라고 권해드렸습니다. 그런데 당장 돌아오는 반응이 묘했습니다.

"스님, 나무아미타불은 내 앞길을 위해서 하는 염불이 아닙니까? 아들이나 딸을 위해서는 관세음보살을 불러야 하는 것으로 알고 있는데, 스님께서는 왜 저의 앞길만을 위하는 '나무아미타불' 을 부르라고 하십니까?"

§

누구나 이 보살님처럼 생각할 수는 있겠지만 실제로는 그런 것이 아닙니다. 이 대우주의 어느 부처님은 살아 있는 사람만 돌봐 주시고, 어느 부처님은 돌아가신 분만 돌봐 주신다는 확정된 법은 없습니다. 그것은 옛 어른들이 그때 그때 쓴 방편일 뿐입니다. 사람들이 마음의 상처를 입고 크게 울고 있으면, "돌아가신 부모를 위해서는 이렇게 이렇게 해드려라.", "아들이나 딸을 위해서는 이렇게 이렇게 해라"는 식으로 그 사람의 마음을 안정시키면서 빨리 자리를 잡을 수 있도록 해드린 방편설입니다.

꼭 살아 있는 사람에게는 '관세음보살' 염불이라야 되고, 죽은 이에게는 '지장보살' 염불이라야 되고, 내 앞길을 위해서는 '나무아미타불' 염불이라야 된다는 것처럼 느끼지만, 부처님의 가르침에는 그런 것이 없습니다.

나무아미타불이라는 그 힘 하나 가지고도, 그 공부 힘 하나만 가지고도 살아 있는 아들딸들, 돌아가신 조상님네들, '나'의 앞길을 다 밝힐 수 있고, 지장보살이라는 이름 하나만 가지고도 다 이루고 다 밝힐 수 있는 것입니다.

어떤 부처님은 살아 있는 자식들만 봐주고 어떤 부처님은 돌아가신 영가들만 봐준다는 차별적인 생각을 갖지 말고, 흔들림 없이 자기가 하던 공부를 그대로 지어 나가는 것이 중요합니다.

어떻든 남에게 모진 인연을 만들지 말고 꾸준히 처음 선택한 것을 공부해 나가면 결국은 이루게 됩니다. 한 가지 공부를 꾸준히 하는 것! 부디 이를 마음에 잘 새

겨, 설악산 대청봉에 오를 그날까지 흔들림 없이 공부
를 잘 지어가시기를 당부드리고 또 당부드립니다.

Ⅱ. 주력수행

주력과 염불이 어떻게 다른가

앞의 장에서는 부처님께서 가르치신 여러 정진 방법 가운데 나와 인연 있는 한 가지 공부를 선택하여 수행을 하면, 설악산 대청봉에 오르듯이 결국은 최고의 차원에 도달하여 법을 같이 쓸 수 있다는 이야기를 하였습니다. 이제 그 공부 방법 중 먼저 주력에 대해 내 자신의 체험을 바탕으로 하여 살펴보고자 합니다.

주력의 '주(呪)'는 밀교(密敎)의 진언(眞言)이나 다라니(陀羅尼)를 뜻하며, 우리 나라에도 옛날에는 주력의 방법에 대해 어떤 생각을 하면서 어떤 형식으로 해야 한다는 기록이 있었던 것 같습니다. 그러나 우리 때에 와서는 주력을 전공으로 연구하신 어른이 안 계셨고, 그러다보니 지금은 염불과 주력이 별다른 구분 없이 통용되고 있습니다.

그런데 '주'에 '힘 력(力)' 자를 붙여 '주력'이라 하는 까닭은, 노력하여 주문을 외우면 힘이 생겨나기 때문입니다. 곧 '노력하면 힘이 생긴다'는 지극히 평범한 진리를 담고 있습니다. 처음에는 불가능한 것 같지만 자꾸 노력을 하다가 보면 하루에 오천배도 할 수 있게 되고 육천배도 할 수 있게 되며, 나아가 만배까지도 가능해집니다. 다른 사람과 비교해 볼 때 노력을 한 사람에게는 그만한 힘이 생긴다는 이야기입니다. 그래서 '주를 통하여 힘을 얻는다'고 해서 주력이라고 한 것입니다.

일반적으로 '관음염불'이니 '관음주력'이니 하는 말을 통용하여 많이 쓰지만, 열반하신 철우(鐵牛)노스님께서는 다음과 같이 염불을 정의하셨습니다.

"지금 우리가 입으로만 부르는 것은 송불(頌佛)이다. 염불(念佛)이라고 하면 부처를 생각해야 되는데, 참 염불을 하고자 하면 관(觀)을 해야 한다. 지금은 송불을 염불이라고 착각을 하는데, 송불과 염불은 엄연히 다르다.”

지금에 와서는 덮어놓고 관세음보살을 부르거나 지장보살을 부르면 무조건 ‘염불한다’고 하지만, 철우노스님처럼 옛 어른들은 염(念)과 송(頌)이 다르다는 말씀을 분명히 하셨습니다.

그런데 오늘날은 관세음보살을 부르며 기도를 하면 ‘관음주력’이라 해버리고, 지장보살을 부르며 기도하면 ‘지장주력’이라고 합니다. 불보살님의 명호를 부르며 기도하는 것을 주력이라고도 하고 염불이라고도 하는 것입니다. 염불과 주력의 방법이 서로 다르지만, 염불을 한다고 하면서 자꾸 송불을 하니까 그만 주력이라고 이름을 붙인 것 같습니다.

염불을 하려면 관을 해야 한다고 앞에서 잠깐 말씀드렸는데, 관이라고 하는 것은 처음부터 그쪽으로 습관을 들이든지, 아니면 주력법을 끊지 않고 오래 노력할 때 이루어집니다.

앞에서 용성스님께서 천수다라니 하신 이야기를 해드렸는데, 용성스님이 신묘장구대다라니를 하면서 얼마나 익어졌든지 호흡, 곧 숨 한 번 내쉬면서 '나모라 다나다라' 부터 '사바하' 까지 천수다라니 1편을 외웠고, 숨 한 번 들이키면서 '나모라 다나다라' 부터 '사바하' 까지 1편을 다 외웠다고 합니다. 이렇게 되면 송(頌)이 완전히 떨어져 버린 상태이고 염(念) 자체도 이미 떨어져 버린 관(觀)의 차원을 이룬 것입니다.

우리가 '주력이다 · 염불이다 · 기도다' 하지만, 결국 하나의 마지막 궁극점으로 가는 그 중간 과정이 조금씩 다르기 때문에 이름을 각각 다르게 붙인 것입니다. 예컨대 관세음보살을 부르며 기도를 할 때, 어른들로부터 각각 달리 이야기를 듣다보면 도대체 뭐가 뭔지 종잡을 수가 없게 됩니다. 그러나 내가 어른들에게 들은 이야기를 종합해 보았더니, "내 입에서 나오는 소리가 내 귀로 들어오는 것을 놓치지 말고 늘 생각을 해라."는 것이었습니다. 그래서 나도 밑에서 기도를 하는 스님들에게 늘 같은 부탁을 합니다.

"관세음보살을 부르든 지장보살을 부르든 내 소리 내 귀에 들어오는 것을 놓치지 않도록 그것만 잘 붙잡아라. 그렇게만 하면 절대 옆길로 가지 않고 공부가 흔들리지 않게 된다."

실제로 이 방법에 따라 염불을 하는 이들은 거의 옆길로 가지 않는데, 이 방법을 무시하는 이들은 중간에 엉뚱한 쪽으로 가는 이들이 더러 있습니다.

결국 자기 생각이 잘못되면 공부가 옆길로 흘러갑니다. 자기 생각이 다른 것을 기대할 때, 기도 중간에 장애가 붙을 때 그 장애를 잘못 생각하면 방해에 속아 엉뚱한 결과를 불러일으키는 것입니다. 이러한 경계에 대해서는 뒤에서 상세하게 말씀드리겠습니다.

수월스님의 천수주력

8·15 해방 후 내가 해인사로 출가했을 무렵에는 어른들이 공부 방법에 대해 특별히 말씀해 주시지 않았습니다. 다만 '옛날 어른들은 이렇게 공부하셨다. 저렇게 공부하셨다'는 이야기를 들려주셨을 뿐, 화두 공부가 어떤건지 주력 공부가 어떤건지 구체적으로 가르쳐 주시지 않았습니다.

강원에서 처음 글을 배울 때는 30명가량이 함께 출발하여 초심반과 치문반으로 나뉘어졌는데, 당시 강사를 맡았던 나의 은사 고봉(高峰)스님께서는 마을 서당에서 글을 가르치는 식으로 그날 배운 글을 그날 암송시켰습니다.

예불의식도 책을 갖고 가면 어른들이 한 번 읽어 주시고, '따라 읽어라' 하면 따라 읽고, '여기까지 외워라' 하면 그 다음날까지 암송하는 식으로 공부를 배웠습니다.

그 당시 해인사에는 우리 용성 문중의 사숙님 되시는 월주 스님이 계셨습니다. 예식에 밝고 경에도 밝으셨고 정진을 아주 잘하신 분이셨는데, 강원의 학인들이 글을 못 외워 쩔쩔매고, 하루종일 책상머리에서 끙끙거려도 암송을 못 하는 학인들에게 늘 말씀하셨습니다.

"말세에 태어나서 업장이 두텁고 박복한 중생들이 업장 참회할 생각은 않고 까불거리고 있으니까 공부에 무슨 진척이 있겠느냐? 옛날 어른들은 천수다라니를 해서 업장소멸 하셨다."

그리고는 수월(水月, 1855~1928)스님께서 천수주를 하여 깨달음을 이룬 이야기를 들려주셨습니다.

수월스님은 충남 홍성에서 태어나셨는데 아버지·어머니가 모두 세 살 안에 돌아가셔서 외삼촌 집에 의지하여 살았습니다.

모두가 가난했던 조선 말기에 내 가족들도 못 먹여살리는 형편이었으므로 외삼촌은 남의 눈도 있고 하여 생질을 데려다 놓았지만, 부담도 되고 힘도 들어 머슴처럼 부렸습니다. 20세가 넘어가면서 스님은 동네 사람들이 남녀 할 것 없이 모두 결혼을 하여 아이를 업고 다니는 것을 보고 생각했습니다.

'이렇게 사느니 산골로 들어가 중노릇을 하며 살리라.'

결심을 한 그는 서산 천장사(天藏寺)로 출가하여 성원(性圓)스님의 제자가 되었지만, 배우지 못한데다 머리까지 둔하여 불경을 배워도 쉽게 이해하지를 못했습니다.

성원스님이 예불문을 일러주면서 '따라읽어라' 고 하면 따라읽었지만, '혼자서 읽어보라' 고 하면 한구절도 못 외우는 것이었습니다. 몇 번을 그렇게 해보다가 은사 성원스님은 글을 가르치는 것을 포기하고 땔나무를 해오는 부목(負木), 밥을 짓는 공양주(供養主) 등의 소임을 3년 동안 맡겼습니다.

그런데 기적 같은 일이 벌어졌습니다. 수월스님이 불공할 때 올릴 마지를 지어 법당으로 갔을 때, 마침 부전스님(불공을 주관하는 스님)이 신묘장구대다라니를 송(頌)하고 있었습니다.

"나모라 다나다라 야야 나막알약 바로기제 새바라야 모지 사다바야 … 나모라 다나다라 야야 나막알약 바로기제 새바라야 사바하."

스님은 이를 한 번 듣고 모두 외울 수 있었습니다. 그 토록 머리가 좋지 않다고 구박을 받았는데, 총 442글자 의 신묘장구대다라니가 저절로 외워진 것입니다. 이후 스님은 나무를 하러 가거나 밥을 짓거나 마냥 신묘장 구대다라니를 흥얼거리며 다녔습니다.

그러던 어느 날, 은사 성원스님이 법당에서 불공을 드리다가 마지 오기를 기다리고 있는데, 당연히 제시 간에 와야 할 마지는 한참이 지나도 오지 않고 밥 타는 냄새만 절 안에 진동하는 것이었습니다. 이상하게 여 겨 부엌으로 찾아간 성원스님은 전혀 예상 밖의 광경 을 목격하게 되었습니다.

수월스님이 신묘장구대다라니를 외우면서 계속 아 궁이에 장작을 넣고 있는 것이었습니다. 밥이 까맣게 탄 것이 문제가 아니라, 솥이 벌겋게 달아 곧 불이 날 지경이었습니다. 그야말로 무아지경 속에서 대다라니 를 외우고 있었던 것입니다. 이를 본 성원스님은 수월 스님에게 방을 하나 내어 주면서 말했습니다.

"오늘부터 너에게 이 방을 줄 터이니, 마음껏 대다라 니를 외워 보아라. 배가 고프면 나와서 밥을 먹고 잠이 오면 마음대로 자거라. 나무하고 밥 짓는 일은 내가 알아서 처리할 테니…."

수월스님은 '감사하다'는 말 한마디를 남기고, 가마니 하나를 들고 방으로 들어가서 문짝에 달았습니다. 빛이 안으로 들어오지 못하도록 한 것입니다.

그리고 신묘장구대다라니를 외우기 시작했습니다. 방 밖으로는 밤낮없이 대다라니를 외우는 소리가 울려 나왔을 뿐, 물 한모금 마시러 나오는 일도 없고 화장실 가는 일도 없었습니다. 그리고는 8일째 새벽, 성원스님이 예불을 마치고 방에 들어가려는데 그 소리가 딱 그쳤습니다. 그때 수월스님이 방을 뛰쳐나오며 소리쳤습니다.

"스님, 스님! 이겼어요, 이겼어요."

"뭐라고 했느냐?"

"스님, 제가 이겼어요. 잠 귀신이 '너한테 붙어 있다가는 본전 못 찾겠다'고 하면서 멀리 가버렸어요. 잠 귀신이 도망갔어요. 스님, 제가 이겼어요."

은사스님은 수월스님이 기도를 하다가 미친 것이라 생각하고 호된 꾸중을 하였습니다. 그러자 수월스님이 질문을 던졌습니다.

"관세음보살께서 합장을 하고 서 있는 뜻이 무엇입

니까?"

"나는 그걸 모른다."

"어딜 가야 답을 들을 수 있습니까?"

"동학사에 가면 경허(鏡虛) 사숙님이 계신다. 그 스님께 여쭈어 보아라."

"가도 됩니까?"

"도시락은 내가 싸줄 테니 짚신은 네가 삼아라."

수월스님은 서산의 천장암에서 동학사까지 걸어가 경허스님의 방문을 열고는 여쭈었습니다.

"관세음보살께서 합장을 하고 서 있는 뜻이 무엇입니까?"

경허스님이 답을 해주시는데 뜻이 서로 상통하였고, 거기에서 수월스님은 깨달음을 얻었습니다.

§

이렇게 수월스님은 천수삼매(千手三昧)를 증득하여 무명(無明)을 깨뜨리고 깨달음을 얻었을 뿐 아니라, 불망념지(不忘念智)를 증득하게 되었습니다.

이전까지는 글을 몰라서 경전을 읽지도 못하고 신도들의 축원도 쓰지 못하였지만, 불망념지를 이룬 후부터는 어떤 경전을 놓고 뜻을 물어도 막힘이 없게 되었으며, 수백 명의 축원자 이름도 귀로 한번 들으면 불공을 드릴 때 하나도 빠짐없이 외웠다고 합니다.

그리고 천수삼매를 얻은 뒤에도 참선정진을 꾸준히 계속하였는데, '잠을 쫓았다'는 그 말씀대로 일평생 잠을 자지 않았다고 합니다.

말년에는 백두산 간도 지방 등에서 오고가는 길손들에게 짚신과 음식을 제공하며 보살행을 실천했던 수월스님! 오늘날까지 자비보살이요 숨은 도인으로 추앙받고 있는 수월스님의 도력은 신묘장구대다라니 기도에서 비롯되었던 것입니다.

'옴마니반메훔' 주력

나는 수월스님의 이야기를 감명깊게 들은 다음 주력을 하여 업장소멸을 하겠다는 결심을 하였습니다. 그러나 혼자 생각에 천수다라니는 너무 긴 것 같아 '옴마니반메훔' 육자주(六字呪)를 선택했습니다.

곁의 어른들께 상의도 하지 않고 나 혼자 '옴마니반메훔'을 선택한 다음, 사람들이 없으면 소리내어 외웠고 사람들이 있으면 속으로만 했습니다. 절 마당을 거닐든 밭에 가든, 예불하러 가든 밥을 먹든, 경전공부를 하는 틈틈히 육자주를 놓지 않고 계속했습니다.

얼마를 계속하였는지 정확히는 기억나지 않지만, 초겨울에 접어들 무렵이었습니다. 해인사 강원인 궁현당(窮玄堂)에서 예불을 마치고 속으로 육자주를 외우며 각 법당 예불을 하기 위해 대웅전 축대 위에 올라서서 극락전 쪽을 바라보는 순간이었습니다.

시간이 사라진 듯하였고, 갑자기 눈앞의 모든 것도 사라졌습니다. 앞에 있던 산도 없고 옆의 대적광전, 밑의 마당, 뒤쪽의 건물 모두가 없어지고, 수천만리의 평평한 평지가 펼쳐졌습니다. 약간 옅은 황금색을 띤 누르스름한 대지가 수천만리 펼쳐져 있는데, 그 대지의 끄트머리에 '옴마니반메훔' 여섯 글자가 범자(梵字)로 해돋이처럼 빨갛게 땅에서 솟아나 공중에 똑바로 서 있는 것이었습니다.

내가 서 있다는 생각도 없이 그 자리에 서서 해처럼 빨갛게 솟아 있는 여섯 글자를 쳐다보고 있었습니다. 그 시간이 나에게는 굉장히 긴 것처럼 느껴졌습니다. 그때 밑에서 올라온 도반스님이 내 등을 두드렸습니다.

"여기서 뭐하고 서 있나? 빨리 예불하러 가야지."

순간 나는 번쩍 정신이 돌아왔습니다. 그리고 잠시 깜깜해지더니 산과 건물과 마당이 다시 확인되었습니다. 그 시간이 나한테는 한없이 긴 시간처럼 느껴졌지만 실제로는 불과 5분도 못 되는 시간이었습니다.

그런 일이 있고 난 다음부터는 일상생활에 이상한 일들이 종종 일어났습니다. 그리고 도반들에게는 아무 말도 하지 않고 나 혼자 엉뚱한 짓을 더러 하였습니다.

그 무렵에는 절에서 향로에 불을 담아 사용했습니다. 향나무 열매를 따서 말려두거나 뽕나무를 썰어 말려두었다가 그것을 향으로 사용했습니다.

하루 세 차례, 곧 아침예불 때와 사시마지 때와 저녁

예불에 불을 담아 써야 하기 때문에, 부전 스님이 저녁에 방에 있는 화로에 불을 담아 놓으면 그 불이 하루종일 가거나 적어도 다음날 새벽까지는 갔습니다.

한번은 우연히 향로에 불을 담으러 부엌으로 갔을 때, 공양주 스님이 큰 목탁을 탁탁치며 '밥물이 넘었다. 불을 끄집어내어라' 는 신호를 보냈습니다.

나는 밤새도록 쓸 벌건 숯불을 화로에 담고 난 다음, 느닷없이 그 숯불을 손으로 만져봤습니다. 벌건 숯불을 만지고, 그 숯불을 손에 드니 곁에 있던 공양주와 어른들이 놀라 소리를 쳤습니다. 그러나 나는 그 불이 조금도 뜨겁지 않았습니다. 손도 전혀 데지를 않았습니다. 오히려 어른들이 놀라고 꾸지람을 하셨지만 나는 아무렇지가 않았습니다.

그와 같은 일이 벌어진 다음, 나는 나에게 다른 어떤 기운이 온 것 같은 이상한 무엇이 느껴졌습니다. 그리고 그 기운의 충동 때문에 가만히 있지를 못했습니다.

죄스럽지만, 생각만 나면 해인사 대적광전 지붕을 수시로 올라갔습니다. 6·25 사변 직전인 그때는 경제 사정이 어려워 평소에는 고무신도 운동화도 신지 못하던 시절이었습니다. 멀리 출타를 할 때는 고무신을 신었지만 집 안에 있을 때는 타이어 찌꺼기로 만들어 발가락만 끼우는 게다짝을 신고 다녔습니다.

그 게다를 신고 시도 때도 없이 스르르 방을 빠져나가 발로 땅을 한번 툭 치면 나의 몸은 이미 대적광전 지붕 위에 올라 서 있는 것이었습니다. 그리고 게다를 신은 채로 지붕 위와 용마루 위를 평지처럼 밟고 뛰어다녔습니다. 보통사람은 맨발로 다녀도 경사가 급해 몸도 제대로 가누지 못하는 지붕 위를, 게다를 신고 평지처럼 왔다갔다하고 막 뛰어다녔습니다. 나와 같이 있던 도반들은 이러한 나를 보고 밑에서 소리쳤습니다.

"야, 저것 봐라, 미쳤다. 저것 봐라, 미쳤어."

나는 시도 때도 없이 가야산을 누비고 다녔습니다. '가고 싶다' 는 생각이 일어나면 가야산 중허리의 마애불까지 순식간에 다녀왔고, 가야산 꼭대기와 매화산과 미륵봉 등을 한 바퀴 도는데 불과 10분 내지 15분도 채 걸리지 않았습니다. 흔히들 이야기하는 축지법이 그런 것인지는 모르겠지만, 훌쩍 뛰어올라 첫 봉우리만 나의 발에 닿으면 전체 산봉우리가 다 나의 발 밑에 들어왔습니다. 이 산봉우리 밟고 한번 뛰어 저 산봉우리 밟으며 가야면과 가야산 전체를 다 둘러보며 다녔습니다.

또, 한번은 마애불 근처로 가서 집채만한 바위를 밀어보았더니 바위가 그냥 밀려갔고, 주먹을 불끈 쥐고 바위를 쳤더니 마치 물 속으로 들어가듯 팔이 바위 속으로 쑥 들어가는 것이었습니다.

이처럼 이상한 일들을 경험하면서, 한편으로 나는 나 자신이 점점 날카로워지는 것을 느끼게 되었습니다. 전에는 어른 아이 할 것 없이 원만하게 지냈는데, 나 자신이 날카로워지면서 거슬리는 것을 참지 못하고 자꾸만 톡톡 쏘아붙였습니다. 나 자신이 어른들께 그 당시의 이상한 기운에 대해 소상하게 말씀을 드리지 않았고, 어른들도 내가 어떤 상태인지를 유심히 살피지 않고 지내다가, 그것이 무엇인지도 모른 채 그 고비를 그렇게 넘기고 있었습니다.

까딱하면 마구니나 외도의 차원에 도착할 뻔했습니다만, 다행히 나 자신의 신경이 자꾸 날카로워지는 것을 느꼈고, 어른들한테도 마구 대하였으며, 곁에서 '저 아이 좀 이상해졌다' 라는 이야기를 자주 하여, 육자주를 그만두었습니다. 6·25 사변 직전까지 그런 사건이 있었는데, 그때가 해인사 강원에 있을 때였습니다.

체험 후에 자신감

우리가 강원에서 공부를 배울 때는 그날 배운 것을 다음날 공부 시간에 암송을 해야 했습니다. 그런데 그날 잠자기 전까지 미처 암송이 안 된 글은 다음날 자꾸 더듬거리게 되고, 특히 강사스님께서 한번씩 소리를 지르시면 기가 죽어 막혀버리는 경우가 허다하였습니다.

그래서 밤 9시에 잠자리에 누우면, 일단 배운 것을 한번 암송해보고 자는데, 그때까지 외우지 못하였으면 정신적으로 많은 부담을 느꼈습니다.

그런데 육자주를 외우던 무렵, 밤마다 꿈을 꾸면 천정이나 벽이나 방바닥이 온통 글로 가득하고, 그 글 속에서 내가 뱅뱅 돌곤 하였습니다. 그리고 잠들기 전에 미처 암송되지 않은 글이 몇장 몇째줄 몇째글자라는 것이 꿈에 또렷하게 기억이 되면서 그 글자가 그대로 외워지는 현상이 자꾸 나타났습니다.

어른들 말씀이, '그럴 때에 재주가 는다, 지혜가 는다'고 하셨는데, 사미과에서 사집과 초기까지 그와 같은 일을 꿈 속에서 많이 겪었습니다.

또한 이 경험과 함께 주력을 계속하면서 정신적으로 무언가 날카로워졌지만, 외우는 것이 분명 쉬워졌던 것을 보면 글공부와 주력공부가 따로 떨어져서 간 것은 아닌 것 같습니다.

공부하는 도중에 앞에서 경험한 것과 같은 차원이 나타나는 것을 식(識)이 발동한다고 하여 '식광(識光)'이라고 합니다. 그와 같은 식광은 공부를 지어나가는 과정에서 흔히 겪는 일입니다. 어른들께서는 그런 고비를 '식광의 고비'라고 표현하셨고, 그런 체험을 말씀드리면 '식광은 겪었구나'라고 말씀하셨습니다. 이 식광에 대해서는 나중에 관련된 부분에 가서 다시 이야기하겠습니다.

'식광의 고비'는 의식적으로 되는 것이 아니라, 무의식의 상태라고 해야 할까? 의식을 가지고는 체험이 되지 않는 제3의 시간과 공간을 체험하는 것입니다. 그래서 나는 불자들에게 늘 부탁을 합니다.

"의식의 세계로는 안 되는 제3의 세계를 체험해보라."

염불이든 주력이든 화두든, 한 가지 공부를 부지런히 해서 스스로 무엇인가를 체험하고 나면, 공부가 깊어

진 만큼 불교에 대한 확신이 서고 자신감이 생겨나게
됩니다.

일본 점령기 말기에 용성노스님은 안위에 '화과원
(華果院)'이라는 농장을 만들어 농사도 짓고 과수원도
경영하면서, 한편으로는 우리 독립군들에게 군자금을
조달하셨습니다.

그 시절에 나의 은사이신 고봉스님께서는 강원에서
대교까지 다 마치고 화과원에 가서 용성노스님을 모시
고 있었습니다. 어느 날 점심공양 후에 '바람 좀 쏘이
러 가자'는 노스님을 따라나섰습니다. 용성노스님은
복숭아꽃이 활짝 핀 것을 보시며 말했습니다.

"네가 직접 한마디 일러보아라."

"화과원리도화발(華果院裡桃花發 : 화과원 속에 복숭아꽃
이 피었습니다)."

이에 노스님은 시치미 뚝 떼고 정색을 하며 호통을
쳤습니다.

"이놈이 공부하는 중인 줄 알았더니 천하의 마구니
새끼구나. 그러고도 네가 절밥을 먹고 있느냐!"

이에 고봉스님은 기가 죽어 대꾸를 못하고 되물었습니다.

"스님께서 한말씀 일러 주십시오."

"화과원리도화발이니라."

은사스님께서는 이 이야기를 들려주시며 말씀하셨습니다.

"그때 내가 자신이 있었으면 용성노스님께서 욕을 하든 꾸지람을 하든 한마디 더 걸칠 수 있었을 텐데, 자신이 없으니까 당한 것이야."

&

무슨 일이든지 자신이 서야 합니다. 내가 자신이 서지 않으면 어른들 수단에 속을 수밖에 없습니다.

우리 스님의 경우, 화과원에서 "화과원리도화발입니다"라고 대답하였으면 틀림이 없었습니다. 그러나 당시의 스님은 용성노스님의 호통에 자신을 잃어 한마디 더 걸치지 못하고 물러나 버린 것입니다.

도를 닦는 집안에서는 이런 상태로는 안 됩니다. 언제 어디서든지 확신이 있어야 하고, 나 스스로에게 자신이 있어야 합니다. 이 때문에 자신이 뭔가를 체험하여 확신이 서야 함을 불교집안에서는 그만큼 중요시하는 것입니다.

그러므로 간경 · 주력 · 참선 · 염불 등 어떤 공부로 정진을 하든 체험을 하고 확신을 이룰 때까지 밀고나 아가야 합니다. 분명히 체험이 있고 나면 자신감이 생겨 공부가 크게 향상이 됩니다.

어떤 공부를 하든 체험이 있기 전까지는 절대로 멈추지 마십시오. 스승과 선배들의 지도를 받으며 부지런히 정진하십시오. 혼자서는 안 됩니다. 지도를 받아야 옆길로 가지 않습니다. 그래야만 도가 깊어질 수 있습니다.

그리고 그 체험도 한 과정이라는 것이 확인되면 집착하지 말고 놓아버려야 합니다. 놓아버리고 또 새롭게 나아가면 깨달음이 더욱 깊어지고 해탈이 가까워진다는 것을 꼭 명심하시기 바랍니다.

Ⅲ. 기도수행

능엄주력

　해인사 강원에 있을 무렵 '옴 마니 반메 훔' 육자주(六字呪)를 외워 식광(識光)의 고비를 체험하면서 강원에서 배우는 글 공부는 깊어졌지만, '나'가 아닌듯한 이상한 기운이 느껴져 육자주를 그만두게 되었습니다.

　그러다가 6·25 사변을 맞았습니다. 빨치산의 점령으로 해인사에도 큰 사건이 생겼고 은사이신 고봉(高峰) 스님도 모함을 받아 수난을 당하는 큰 사건이 벌어졌습니다. 여러 고비를 넘기며 마무리를 다한 다음, 나는 오대산으로 향했습니다. 하지만 전란 때문에 오대산의 출입을 금하고 있다는 소식을 접하고 청화 보경사로 발걸음을 돌렸습니다.

나는 보경사 서운암에서 능엄주 기도를 시작했습니다. 그 당시에는 스님들이 아침 시간에 지금 많은 불자들이 하고 있는 능엄경의 대능엄주를 하지 않고, 대 능엄주의 마지막 부분의 70여자로 된 아주 짧은 것을 외웠습니다. 이 능엄주를 소개하면 다음과 같습니다.

나무 대불정여래밀인 수증요의 제보살만행 수능엄신주
(南無 大佛頂如來密因 修證了義 諸菩薩萬行 首楞嚴神呪)
**다냐타 옴 아나례 비사제 비라 바아라 다리 반다
반다니 바아라 바니반 호움 다로옹박 사바하**

나도 백일을 목표로 이 능엄주 기도를 하기로 했습니다. 식사는 일체의 부식 없이 소금간만으로 밥을 먹었는데, 한 2주쯤 지나자 밥 생각만 하여도 구역질이 날 정도였습니다. 열악한 환경에서의 백일기도였으므로 신체적으로 너무 무리를 주는 것은 좋지않겠다고 판단하여 법당에서 기도하는 시간을 하루 8시간으로 정하였습니다. 그리고 나머지 시간은 주로 보행을 하면서 능엄주를 마음에서 놓치지 않으려고 꾸준히 노력했습니다.

그런데 60일을 넘기고 70일쯤 되었을 때부터 심한 장난이 붙기 시작했습니다. 새벽녘이 되어 눈을 뜨면 '오늘 몇시에 어디에 사는 누가 온다' 라는 생각이 드는데 정말 그때가 되면 그 사람이 나타나는 것이었습니다. 며칠이 더 지나자 가만히 방에 앉아 이십리 삼십리 밖의 신도들 집이 다 보이는 것입니다.

공부가 완전히 마무리된 단계에서 생긴 일이 아니라, 공부를 지어나가는 과정에 이 장난이 붙은 것입니다. 뿐만이 아닙니다. 생각만 일으키면 내 눈 앞의 텔레비전을 보듯이 동네의 모든 집이 보이고, 사람들의 이야기 소리도 들리는 것이었습니다. 밥상위의 반찬이 무엇이며, 어떻게 하루를 보내고 있는지가 낱낱이 보였습니다.

예를 하나 들겠습니다. 어느날 아침, 어머니가 아이와 다투는 것이 다 보이고 다 들렸습니다. 아이가 말했습니다.

"엄마, 오늘까지 월사금을 가져가지 않으면 선생님이 혼을 낸댔어. 빨리 줘."

"오늘 구해 놓을테니 내일 가져가거라."

"오늘 가져가지 않으면 혼나. 학교가지 않을거야."

"그러지 말고 가거라."

"싫어."

"이 놈의 자식이!"

이렇게 모든 내용이 생생하게 보이고 표정까지 또렷이 보이는 것이었습니다.

더 이상한 것은 어떤 사람이 내 앞에 서면 그 사람의 몸이 마치 투명체처럼 다 들여다 보이고, 뼈 마디마디까지 그대로 보였습니다. 그 사람은 아직 아무 것도 못 느끼고 있건만, 병이 어디에서 시작되어 어디까지 진행되었으며 얼마 후면 어느 자리에서 어떻게 아픈 상태가 벌어진다는 것이 내 눈에는 다 읽혀졌습니다.

더욱 신기한 것은, 아픈 사람에게 내 생각대로 앞에 있는 나뭇가지를 하나 꺾어주면서 '이것을 씹어서 잡수시라' 든지, 이파리를 따서 '이걸 달여 먹으면 낫는다' 고 하면, 약도 아닌데 분명히 그 사람의 병이 낫는 것이었습니다. 참으로 신기하기 짝이 없는, 그와 같은 장난이 붙는 시간이 이어지자 호기심이 자꾸만 일어났고, 마지막 20여일은 기도를 하였으나 제대로 집중을 하지 않고 보내게 되었습니다.

그 뒤 그 해 겨울을 보경사에서 나고, 이듬해에 덕숭산 정혜사로 갔습니다. 그곳에는 도를 깨달은 금봉(錦峰) 노스님이 계셨고, 그때 나는 '도인이라 하고 도를 통한다고 하는 것을 내가 체험한 것인가? 하는 헛생각이 들어, 그 일들을 노스님께 자랑처럼 말씀드렸습니다. 그러자 금봉스님은 대뜸 호통부터 치셨습니다.

　"이 죽을 놈! 마구니의 자식새끼! 중노릇을 한게 아니고 마구니 노릇을 했구나. 너 같은 놈은 당장 죽여버려야 된다. 너 같은 놈 살려놓으면 여러 사람을 망쳐놓는다. 당장 주문을 버리든지 이 자리에서 죽든지 택해라."

　그날부터 스님께서는 일체 바깥 출입을 못하게 하셨고, 곁에 두고 '아무 것도 하지 말라' 고 하셨습니다. 나 또한 의식적으로 능엄주를 하지 않으려고 했습니다. 그런데도 나는 무의식 중에 능엄주를 하고 있었습니다. 가끔 노스님께서 "지금 뭐하노?" 하시면, 깜짝 놀라며 "아무 것도 안합니다"고 답하였지만, 나도 모르게 능엄주를 하고 있는 자신을 발견하곤 하였습니다. 그때마다 금봉 노스님께서는 말씀하셨습니다.

　"참말로 아무 것도 안하나? 그거 뗄려면 죽기보다 더

힘이 들거다."

　정말 그랬습니다. 막상 눈 앞에서 전개되는 신통한 일에 호기심이 붙고 재미가 붙은 상태에서는 떼려고 해도 참으로 떼기가 힘이 들었습니다. 노스님의 '죽기보다 더 힘들거다' 하시는 말씀이 결코 과장이 아니었습니다.

어른들께 자주 물어라

　그러므로 일단 공부길에 들어서면 눈밝은 어른들께 자주 물어야지, 멋대로 공부를 지어나가서는 안됩니다. 나 자신을 뒤돌아보면, 지나간 시간에 정법(正法)과 깊은 연(緣)이 있었든지, 전혀 엉뚱한 쪽으로 가지 않고 바른 수행의 길로 계속 나아갈 수 있었던 것이 지금 생각하면 천행처럼 느껴집니다.

　또한 어른들께 물을 줄 몰랐던 내가 참으로 어리석었다는 생각도 들고, 곁에 계시는 어른들이 아이들을 주의깊게 살펴주셨다면 그와 같은 탈이 없었을 것이라는 아쉬운 생각도 듭니다.

　실로 나는 이때의 여러가지 체험을 통하여, 공부 초기에는 '아는 길도 물어가라' 는 말처럼 눈밝은 어른들께 자꾸 물어야 한다는 것과, 어른들 또한 젊은 사람을 관찰하면서 '지금 무엇을 하고 있는가? 어떤 차원까지 갔는가?' 를 잘 살펴 다독거려 주셔야 한다는 것을 강하게 느꼈습니다. 나는 근래에 와서 신도님이나 초심자들에게 자주 부탁을 드립니다.

　"공부 자리가 완전히 잡힐 때까지 될 수 있으면 어른

들에게 자주 물어라. 자주 물어야 길을 그르치지 않는다. 잘못하면 길을 그르치게 된다."

나 또한 내가 체험한 몇가지를 어른들께 말씀드렸더니, "식광(識光)까지는 체험했구나. 분명히 식광은 쳐다봤다"라는 말씀이 계셨습니다. 식광이라는 그 자체가 아직까지 공부 중간입니다. 미처 공부의 한 70% 정도도 못간 고비에서 겪는 상태인 것 같습니다.

식광의 체험! 흔히 제6식이라고 하는 의식(意識)이 분명하고 또렷이 살아있는 상태에서는 그와 같은 세계를 체험할 수가 없습니다. 수행을 하다가 의식이 떨어져 버리는 상태에 이르면 식광이 나타나기 시작합니다. 곧 안이비설신(眼耳鼻舌身)의 5근(根)과 관련된 전5식(前五識)의 파도를 넘고, 제6식과 제7식의 파도도 넘고, 제8식의 파도를 넘어가면서 식광의 고비가 터지는 것입니다. 나의 체험으로 보면, 수행자가 전5식의 파도, 곧 눈 앞의 모든 것이 흔들리는 고비가 넘어가고 나면 좀 조용해집니다. 그러다가 다시 제6식의 파도가 나타나고, 그 파도를 극복하고 나면 제7식의 세계가 나타나며, 그때 전생이 보이게 됩니다. 제6식의 파도를 넘어 제7식의 파도에 가면 전생이야기가 눈에 비치고 전생

이야기가 나오게 되는 것입니다. 그리고 제7식의 파도를 다 넘어서서 제8식의 파도를 넘다가 보면 식광의 세계가 나타나는 것입니다.

그러나 식광의 세계 가지고는 참된 공부가 이루어졌다고 논할 수 있는 자리가 아닙니다. 행과 마음가짐이 점점 더 익숙해져야 합니다. 24시간 언제나 화두나 주력이나 염불 속에서 마음이 흩어지지 않는 공부를 계속해야 합니다.

주위를 살펴보면 공부를 짓다가 잘못 되어 완전히 정신병자처럼 된 스님도 있고, 약간 정신이 이상해진 언행을 하는 사람도 더러 만납니다. 자기 나름대로는 다 끝까지 도착했다고 큰 소리를 치는 분들 중에서도 '아직 멀었습니다, 스님. 그것 가지고 끝까지 갔다고 자부하면 완전히 옆길로 가버립니다' 라고 느껴지는 경우가 많습니다.

정말 나는 '칼날이 넘을 아슬아슬한 고비에서 칼날을 넘지 않고 중단했다' 는 것으로도 천행이라는 생각이 듭니다. 결국 나는 식광의 고비까지 도착하면서 옛 어른들이 '신통' 이라고 하는 그런 차원을 체험할 수 있었습니다만, 수행과정 중에 생겨나는 이러한 신통은 반드시 버려야 합니다.

물론 부처님 말씀이나 부처님의 가르침이 완전히 익어진 차원에서 나타나는 신통은 마음대로 부려도 됩니다. 그러나 거기까지 도착을 하지 못하고 중간에서 겪는 고비는 짐짓 나를 망치고 남을 망치는 사건이 될 수 있다는 것을 꼭 명심해야 합니다.

그리고 나의 경우를 보면, 그런 고비를 체험하고 그것을 중단은 하였지만, 바로 없어지는 것이 아니라 여파가 오랜 시간동안 계속 되었습니다.

나중에 여러 어른들께 내가 체험한 것을 말씀드렸더니, 동산 노스님께서는 "꽁꽁 맺힌 놈"이라 하셨고, 나의 은사이신 고봉 스님은 다른 이야기 없이 "아직 멀었다"고만 하셨습니다.

통도사 극락암의 경봉 노스님은 "그래, 애는 썼는데, 거기에서 막히면 안된다. 그 고비를 넘기고 가야 된다"고 일러주셨습니다.

우리나라 어른들은 공부에 대해 대부분 자상하게 일러주시지 않습니다. "아직 멀었다"라는 말로만 표현을 해버리지, 어떻게 어떻게 하라고 일러주지 않습니다. '철두철미하게 네가 체험해서 가야 된다' 는 식입니다.

이러한 교계의 풍토가 정말 아쉽습니다. 그리고 내 개인적으로 아쉬운 점은, 금봉 노스님 같은 어른을 만났을 때 계속 지도를 받으며 공부를 밀고 나갔어야 했는데 그렇게 하지를 못했다는 것입니다.

어쨌든 공부는 그 길을 그대로 유지하며 계속 밀고 나가야 합니다. 계속 밀고 나가야 무엇을 얻든지 어떤 자리까지 도착을 할 수 있지, 중간에 단절을 하면 공부의 향상이 더 이상 없게 됩니다. 공부하는 이들은 이 점을 잘 새겨두시기 바랍니다.

나한기도 가피

그 뒤 나는 강화 보문사에 가서 7일동안 나한 기도를 했습니다. 그때는 우리 스님을 모시고 글을 배우는 시절이었으므로 나의 원도 경전공부와 관련이 있었습니다.

"제가 부처님의 경전을 공부하는 동안 지혜가 남에게 뒤지지 않게 하옵소서. 중노릇 할 동안 장애없이 공부 잘하게 하옵소서."

그때는 강화 보문사에 요즘처럼 많은 사람이 오지 않았습니다. 기도객도 많을 때는 대여섯분, 어떤 때는 혼자서 기도를 하는 그런 시절이었습니다. 주지를 맡은 노스님이 기도객 각각에게 다기와 목탁을 나누어주시면, 자기의 다기물을 자기가 받아서 올리고, 목탁도 각자가 쳤습니다. 다만 제일 먼저 와서 터 잡은 사람의 목탁소리에 자기의 목탁소리를 맞추어야 했습니다.

당시만 해도 나는 무슨 일을 하든지 누구에게 지기 싫어했던 시절이었습니다. 지금 내가 많은 경을 외우고 여러가지 예식을 할 수 있는 것도, 곁의 도반들이나 선배들에게 지지 않으려고 열심히 배웠기 때문입니다.

그 시절에는 특별한 가르침을 줄만한 어른이 있으면 악착같이 찾아가 배우고 익혔습니다.

나한기도를 할 때도 마찬가지였습니다. 남에게 지기가 싫어 남보다 먼저 일어나 법당에 가고, 남보다 늦게까지 남아 목탁을 두드리며 독하게 '제대성중(諸大聖衆)'을 외쳤습니다.

그런데 7일기도의 마지막날 밤이었습니다. 그날도 늦게까지 기도를 하고 내려와 잠깐 누웠는데, 잠결에 목탁소리가 들려왔습니다. '아차 늦었다'는 생각에 앞도 뒤도 돌아보지 않고 간단히 세수를 한 다음, 다기물을 떠서 법당에 올라가보니 아무도 없었습니다. 한밤중인지 새벽이 되었는지도 알 수가 없었습니다.

그러나 법당에 올라왔으므로 천수경을 외우고 정근을 시작했습니다. 시간이 지나자 기도객들이 들어왔고, 그 사람들에게 밀려 불단 바로 앞에서 목탁을 치며 '제대성중 제대성중'을 불렀던 것까지는 분명히 기억이 납니다.

그런데 '아차' 하는 짧은 순간이었습니다. 내 몸이 함께 정근하고 있던 사람들의 머리 위를 날아, 법당문 밖에 떨어졌습니다. 가사 장삼을 입은 채로 마당으로 날

아와 엉덩방아를 찧고 넘어졌습니다. 그리고 그렇게 한참을 있다가 일어났습니다.

어떻게 된 영문인지 도무지 생각도 나지 않고 상상도 안되는 일이 일어난 것입니다. 그때 목탁은 놓아버렸는지 들고 나왔는지, 어떻게 날아왔는지 전혀 기억이 나지 않았습니다.

'기도를 잘못하여 나한님이 꾸지람을 하고 벌을 주는 것인가?'

대중방에 내려와 미닫이문에 등을 대고 무릎을 고여 앉아있으니 주지 스님이 오셔서 달래주셨습니다.

"기도 잘 했는데 왜 그러고 있느냐? 기도 성취했다."

"성취가 어디 있습니까? 벌 받았는데요."

순간 나는 설움이 복받쳐 훌쩍훌쩍 울었습니다.

"벌 받은게 아니다."

그러나 주지스님의 말씀도 귀에 들어오지 않고 그저 부끄럽기만 했습니다. 그러다가 나도 모르는 사이에 앉은 채로 잠깐 잠이 들었는데, 잠 속에서 어떤 노스님이 오셔서 손으로 턱을 톡톡치며 말했습니다.

"얼굴 좀 들어봐라. 이놈아, 네가 미워서 그런게 아니다. 하도 코 밑까지 다가와서 '제대성중'을 외쳐대니 귀가 얼마나 따가웠겠느냐? 그래서 너를 살짝 밀었더니 그만 그렇게 되었구나. 네가 잘못한 것이 없으니까 걱정하지 말아라. 기도 잘 했다."

나는 그와 같은 가피를 입었을 뿐 아니라, 보문사 주지 스님이 회향할 준비를 다 해주셔서 무사히 기도를 마쳤습니다.

강화에서 기도할 때 겪은 이 일은 일종의 수기를 받은 것이라고 해도 좋을 것입니다. 우리가 살고 있는 이 법계는 그대로 부처님이므로 법계의 가피력, 곧 부처님의 가피력으로 여러가지 묘한 영험이 나타나게 되어 있습니다. 중생심(衆生心)으로는 추측도 상상도 할 수 없는 것이 대우주의 신비이고 대우주의 모습입니다.

평소에는 아무 것도 볼 수가 없지만 지극한 기도를 하면, 부처님께서 그 사람에게 맞는 적절한 모습을 나타내어 우리의 소원을 이루어 주십니다. 그리고 법계에 가득한 성현들께서도 순간적으로 큰 가피력을 보이시는 것입니다. 그 예로 패엽사에 계시던 하은(荷隱, 1828~1898)스님의 경우를 들 수 있습니다.

하은스님은 13세에 구월산 패엽사(貝葉寺)로 출가하여 20년 동안 경전을 연구하였고, 다시 20년 동안 참선 정진을 하여 도를 깨쳤습니다. 대중들이 스님을 패엽사 조실로 추대하였지만, 스님은 조용히 정진을 하고 싶어 대중들 몰래 도망을 쳤습니다.

하루종일을 걸어 스님은 그날 밤 패엽사에서 삼사십 리 바깥에 있는 주막에 투숙했습니다. 그런데 밤늦게 하은스님이 묵고 있는 방에 땡초 중 한 사람이 들어왔습니다. '손님은 많고 방은 없으니 스님끼리 같이 주무시라'는 생각에서 주막집 주인이 들여보낸 것이었지만, 하은스님이 볼때는 이 땡초 중이 영 마음에 들지 않았습니다.

사람에게 위압감을 주는 부리부리한 눈으로 하은스님을 힐끔힐끔 쳐다보면서 고기며 술을 시켜 거침없이 먹었습니다. 그러더니 곰방대에다 담배를 넣어 뻑뻑 피워대는데, 그 조그만 방안에 담배연기가 꽉 차서 코가 따갑고 눈이 따가워 견디기가 힘들었습니다.

그런데 담배를 다 피우고 나더니 주인에게 '물을 가져오라'고 하여 방안에 앉아 양치질을 하고 세수를 한 다음, 똑바로 앉아 큰 소리로 화엄경을 외우기 시작했습니다. 그 길고 긴 80권 화엄경을 처음부터 끝까지 청산유수라는 말 그대로 줄줄줄 막힘없이 외워나갔습니다. 화엄학의 대강백으로 추앙받았던 하은스님이었지만 온몸이 얼어붙었습니다. 나중에는 입에서 광명이 나오는 듯했습니다.

간혹가다가 그 스님이 하은스님 쪽을 쳐다보는데, 하은스님은 두려움 때문에 꼼짝도 못하고 있었습니다. 경을 다 외웠을 때는 이미 새벽녘이 되어 있었고, 그때 땡초스님이 말했습니다.

"사람들이 '하은, 하은' 이라고 하기에 제법인 줄 알았더니, 대수롭지도 않은 인물이구먼. 다른데 가봐야 별 수 있을까봐. 돌아가서 패엽사나 지키지, 가긴 어딜 가!"

그리고는 방을 나가 돌아오지 않았습니다. 이에 하은스님은 발걸음을 되돌려 패엽사로 돌아와 대중들에게 말했습니다.

"보현보살께서 오셔서 나에게 수기를 주고 가신 것이야. 패엽사 대중이 그렇게 갈망하는데도 대중을 배신하고 나간 것을 꾸지람하러 오신거야."

그 뒤 하은스님은 평생을 패엽사에 계시면서 후학들을 지도하셨습니다.

ɛ

하은스님의 경우나 나의 보문사 기도처럼, 법계에 가득하신 불보살님은 필요에 따라 적절한 모습을 나타내어 수기를 주시고 가피를 내려주십니다. 오직 우리가 다해야 할 바는 '정성'입니다. 정성껏 기도하고 정성껏 수행하면 꼭 가피를 입어 성취할 수 있게 되는 것입니다.

지장 · 관음기도 때의 체험

공삼매(空三昧)

서울에서는 비구 대처가 한창 다툴 무렵이었고, 나 개인적으로는 강화도 보문사에 가서 기도를 마치고 난 뒤 입니다. 나는 부산 연등사에서 여름 석달 동안 지장 기도를 하였는데, 기도하는 중간에 또 식광의 고비가 나타났습니다.

어느날 오전 시간에 '지장보살'을 부르는 지장정근을 계속 하고 있었습니다. 그런데 어느 순간에 눈 앞에 계시던 부처님도 없고 벽도 없고 집도 없는, 아무것도 없는 상태가 펼쳐졌습니다. 분명히 눈을 뜨고 쳐다보는데 아무것도 없었습니다. 무변광야처럼 환하게 텅 비어 있었습니다.

분명히 그전까지는 목탁을 치고 지장보살을 불렀는데, 그 순간에는 내가 목탁을 계속 치고 있었는지 '지장보살'을 계속 부르고 있었는지 기억이 나지 않았습니다. 그런데 기도를 끝낸 다음 곁에 있는 사람에게 물었더니 분명히 목탁도 계속 쳤고 지장보살도 계속 불렀다고 했습니다. 오히려 평소보다 맑고 가라앉은 목소리로 계속 정근을 했다는데, 내 자신은 그것까지도 느끼지 못했습니다.

아무것도 없는 그런 공간과 그런 상태에서, 나 자신도 의식을 못한채 두시간 내지 세시간을 그대로 보낸 것입니다.

포마(怖魔)

연등사에서 지장기도를 마친 나는 사천 다솔사로 갔습니다. 그때는 강원의 학인들이 비구 대처 싸움 때문에 강원에서 경전조차 제대로 펴지를 못할 때였으므로, 다솔사에 가서 한철 살면서 백일 관음기도를 시작한 것입니다.

그런데 어느날 새벽, 2시 40분에 일어나 세수를 하고 다기물을 떠서 법당에 들어가려고 법당문을 열었는데, 순간적으로 온몸이 그 자리에 얼어붙었습니다. 그때의 느낌은 내 몸의 털 하나 하나에 한 사람씩 붙어 잡아당기는 것 같았습니다. 머리털부터 시작하여 몸 위쪽으로는 수많은 사람이 털 한 개씩을 위로 잡아당기는 것 같았고, 아래로도 수많은 사람이 털 한 개씩을 아래로

잡아당기는 것 같아, 한 발짝도 움직일 수 없는 두려움 속에서 꼼짝달싹도 못하고 있었습니다.

법당안으로 들어갈 수도 없고 들어가기도 싫은 상태였지만 그래도 억지로 들어가서 예불을 드리고 '관세음보살' 정근을 마치기는 했습니다. 하지만 그날 이후 법당을 쳐다보기도 싫은 상태가 며칠이나 계속 되었습니다.

이는 두려움의 마구니인 포마(怖魔)의 시련을 겪은 경우인데, 이러한 고비를 경험하고 나서는, 지금까지 그러한 경우를 다시는 당하지 않았습니다.

또, 어느날 저녁기도 시간이었습니다. 은사 스님께서는 내가 법당에 있는 동안은 잘 찾지 않으시는데, 그날은 분명히 법당 밖에서 나를 부르셨습니다. 기도를 하다말고 "예" 할 수는 없는 노릇이었으므로 계속 기도를 하였습니다. 은사 스님은 세 번을 부르다가 화가 나셨는지, 법당문을 발로 '쾅' 차고 가는 것 같았습니다. 분명히 은사 스님의 목소리요 행동이었습니다.

정근을 마친 다음 나는 은사 스님께 여쭈었습니다.

"스님, 제가 기도하고 있을 때 법당 밖에 오셔서 저를 부르셨는지요?"

"안 불렀다. 네가 기도하는 도중에 언제 너를 부른 일이 있었느냐? 법당 쪽으로는 가지도 않았다."

이처럼 기도정진을 하다보면 결코 거부하기 어려운 분이 나타나 방해를 함으로써 기도를 중단시켜 버리는 경우가 있습니다. 하지만 결코 중단을 하여서는 안됩니다. 중단을 하게 되면 업장을 녹이지 못하여 원성취를 할 수 없게 되는 것입니다.

희마(喜魔)

다솔사에서 관음기도를 하면서 먼저 포마를 겪은 다음에는 희마 경계가 찾아왔습니다. 희마가 찾아오면 하염없이 기쁘고 좋아, 자꾸 웃음이 터져나오는 상태가 됩니다. 나는 아무런 좋은 일이 없는데도 웃음이 났습니다. 혼자 있어도 웃음이 터져나오고, 무엇을 쳐다보기만 하여도 웃음이 터져나왔습니다. 우는 사람을 보면서도 웃음을 주체할 수가 없었습니다.

정근하는 도중에도 웃음이 터져나오고, 천수를 치다가도 혼자서 웃기도 했습니다. 심지어는 우리 스님께 불려가서 "무엇이 그렇게 좋아 실성한 놈처럼 싱글벙글거리고 다니느냐?"며 꾸중을 듣는 그 자리에서도 계속 싱글벙글거렸습니다.

하지만 이 희마의 상태는 일주일가량 이어지다가 저절로 사라졌습니다.

비마(悲魔)

희마가 사라지자 그 다음에는 슬픔이 찾아왔습니다. 비마(悲魔)를 경험한 것입니다. 처음, 비마의 경계가 찾아온 것은 오후 2시간을 정진할 때였습니다. 법당에 들어가서 천수를 마치고 다기를 연 다음 '아금청정수 변위감로다~ 대자대비관세음보살' 하면서 정근 목탁을 치기 시작한 것까지는 분명히 기억을 하는데, 그 다음부터는 어떻게 되었는지 기억이 나지 않았습니다. 얼마나 시간이 지났는지도 알 수가 없었습니다. 다만 정근을 마칠 시간쯤 되어서 보면, 목탁은 이쪽으로 떨어져 나가 있고 목탁채는 저쪽으로 떨어져 나가 있었으며, 나는 나대로 좌복에 엎드려 얼마를 울었는지 좌복이 눈물에 흥건히 젖어있는 것이었습니다.

'아, 내가 왜 이럴까? 내가 언제부터 이랬을까?'

그러나 도무지 생각이 나지 않았습니다. 그날 저녁 정근 시간에도 별다른 주의없이 기도를 시작했는데 낮에 겪은 비마를 그대로 체험했습니다. 정신을 차리고 보니 똑같은 경우가 벌어져 있는 것이었습니다. 그 다음날 새벽 역시 기도를 하다가 또 그대로 당했습니다.

"내가 왜 이럴까? 정신을 차려야지."

낮시간부터는 정신을 바짝 차리고 기도를 시작했습니다. 그러나 다기물을 올리고 '아금청정수 변위감로다~ 대자대비관세음보살' 부를 때까지만 의식이 있고,그 다음의 동작은 전혀 기억을 할 수 없었습니다.

이런 상태가 한 일주일쯤 계속 되더니, 언제 어떻게 그치게 되었는지도 모르게 그런 상태가 없어졌습니다. 희마에 휩싸일 때는 그렇게 심하지 않았지만, 비마의 차원은 지금까지도 전혀 가늠할 수가 없을 만큼 슬픔에 깊이 빠졌습니다.

ક

이렇게 비마의 상태가 지나가고 난 다음 소름이 끼치는 상태가 또 찾아왔습니다. 하지만 앞에서 경험한 포마의 경우처럼 심한 두려움의 상태가 아니라, 수시로 온몸에 소름이 돋는 것이었습니다. 두렵다는 생각은 없었지만, 소름이 몇번씩이나 찾아오는 그런 고비를 넘겼습니다. 그리고 그 다음에는 별다른 장애없이 정진을 잘하여 백일 관음기도를 무사히 마쳤습니다.

결국 나는 다솔사에서의 백일 관음기도를 통하여 두려움의 마구니·기쁨의 마구니·슬픔의 마구니가 왔다가는 체험을 고루고루 다 겪었습니다. 옛어른들의 말씀대로라면, '모든 업장을 소멸하고 원결이 풀어지는 고비'를 경험한 것입니다.

물론 이러한 경계는 개개인이 다 다르게 나타납니다. 근기가 다르고 환경이 다르기 때문에 일률적으로 적용을 할 수가 없습니다. 그러나 겪어나가는 과정에서 비슷비슷한 마장들이 나타나므로, 이러한 경계를 체험하고 나면 후학들에게 그런 고비가 있을 때 흔들리지 말고 극복을 해나가는 이야기를 자신있게 해 줄수 있습니다. 결국 한 단계를 극복하고 나면 극복한 만큼 향상이 되는 것입니다.

여기에 덧붙여 말씀드리자면, 보통의 경우에는 희마·비마·포마의 경계를 넘어서고 난 다음에 식광의 고비가 나타납니다. 그러니까 나처럼 식광이 먼저 나타나고, 희마·비마·포마가 그 다음에 나타나는 예는 별로 없습니다. 어른들의 체험담을 들어보고 종합해보면, 희마·비마 등의 고비를 넘어가고 난 다음에 식광의 차원이 나타나는 것이 일반적인 경우라는 것을 알 수 있습니다.

마장을 극복하면 그만큼 빨리 해탈한다

실로 수행 도중에 장애가 붙을 때, 그 장애를 잘못 생각하면 속아서 엉뚱한 결과가 오게 됩니다. 약 삼십년 전 남해 보리암에서 준제진언을 외우며 기도를 하다가 영영 불구자가 된 스님의 얘기를 나는 가끔씩 합니다. 그 스님은 눈 앞에 나타난 보살의 환영을 보고 환희심에 도취되었습니다.

'아, 내가 이렇게 애를 쓰니까 보살님께서 직접 시현을 하셨구나. 그리고 가르침을 주시기 위해 내 신심을 시험하시는구나.'

이렇게 환희심에 도취되어 마구니의 수단에 빠져들었고, 스스로 성기까지 절단한 것입니다.

하지만 마가 두려워 수행을 하지 못할 일은 아닙니다. 오히려 흔들림없이 정진하기만 하면 마장이 수행을 도와줍니다. 마장이 극복되면 그만큼 깨달음도 커지고 깊어지는 것입니다.

그러므로 수행하는 우리 불자들은 무엇보다 먼저 마장에 대해 잘 이해하고 있어야 합니다. 『능엄경』에는 '50종변마사(五十種辨魔事)'라하여 공부할 때 나타나는

50가지의 마구니의 길을 상세하게 설하고 있지만, 이는 비마·희마·포마, 곧 슬픔·기쁨·두려움의 세가지 종류에 다 포함됩니다.

참선·염불·주력 등의 공부를 하다가 이러한 경계가 나타나면 절대로 흔들리지 말아야 합니다. 언제나 나타난 경계를 긍정하지 말고 부정을 해버리는 쪽으로 밀어부쳐야 합니다. 만약 나타난 경계를 긍정하기 시작하면 마구니의 수단에 휘말려 버리고 맙니다.

물론 나타난 경계를 긍정하지 않더라도 무의식 중에 그 수단에 떨어져 허우적거리는 경우도 있습니다. 내가 다솔사에서 관음기도 중에 겪은 비마의 경험은 이 경우에 해당됩니다.

이러한 상태는 보통 7일 내지 길어도 보름이면 끝이 납니다. 하지만 이 경계에 흔들려 기도를 그만두게 되면 그 속에서 헤어나지를 못하는 수도 있습니다. 한평생을 비감 속에, 슬픔 속에 빠져 공부도 더 이상 계속할 수 없는 경우도 있고, 한평생을 이상한 사람처럼 웃음 속에서 넘기는 수도 있습니다.

그러나 희마·비마·포마의 장애가 생겨났을 때 일념으로 노력하여 그 고비를 넘기고 나면, 망상 속에서 살던 그 전의 상태를 넘어서서 언제나 편안하고 아름답고 기쁜 상태가 됩니다. 또한 일상생활이나 수행 정진을 통하여 체험하는 경계가 훨씬 더 너그러워지고 넓어지고 커졌다는 것을 느낄 수 있습니다.

이제 이 마장과 관련하여 꼭 당부드리고 싶은 것이 있습니다. 그것은 희마 · 비마 · 포마의 경계나 식광의 경계 모두 공부를 지어 나가는 과정에서 겪는 고비일 뿐, 이것이 전체도 공부가 끝난 자리도 아니라는 것입니다.

불법 공부에는 '적당히' 가 통하지 않습니다. 공부가 다 익어진 다음이라야 그 살림살이가 나의 살림살이가 됩니다. 수행 도중에 아무리 신통한 경계가 나타나더라도 그것은 마(魔)에 불과합니다.

실로 공부의 중간 과정에서 나타나는 신통한 경계에 대해서는 믿음을 주어서도 믿어서도 안 됩니다. 그 차원은 완전히 시간과 공간을 초월하여 대우주 그대로를 집으로 삼고 대우주 그대로를 내 몸으로 삼아 사는 차원하고는 다른 것입니다.

부디 부처님의 차원에 도착할 그때까지 임시로 나타나는 식광이나 시험의 상태에서 벌어지는 것들에 대해

집착하지 마십시오. 만약 그 경계를 경험하면서 '이제 내 공부가 다 되었다'고 받아들이면 돌이킬 수 없는 착각에 빠지게 됩니다.

그러므로 공부가 완전히 익어 내 살림살이가 될 때까지, 내가 하던 공부를 흔들림없이 꾸준히 지어나가는 것이 가장 중요합니다. 잘 명심하시어 자타일시성불도(自他一時成佛道)를 성취하시기를 축원드립니다.

Ⅳ. 경전공부

간경과 업장소멸

　불교의 이야기는 모두가 우리의 마음에 관한 것입니다. 염불·주력·화두·경전공부, 이렇게 이름을 붙이지만 전부 우리의 마음자리를 벗어나지 않습니다. 마찬가지로 불교 경전은 어느 경전을 막론하고 마음자리를 밝히는 이야기요, 마음의 응어리를 풀어내는 방법을 이야기해놓고 있습니다.

　일반적으로 불교 경전을 공부하는 것을 간경(看經)이라고 합니다. 그러나 이 간 '(看)' 자에는 눈으로 본다는 뜻만이 아니라 '관(觀)' 자와 똑같은 뜻이 포함되어 있습니다. 그러므로 경전 연구하는 태도는 눈으로 글자만 보는 것이 아니라 뜻을 생각하고, 뜻을 정확하게 파악하려는 노력이 뒤따라야 합니다. 간경이라고 하지만 관경(觀經)을 해야 한다는 뜻입니다. 책을 되풀이해서 계속 읽되 다라니하듯이 그냥 외우는 것이 아니라, 뜻을 생각하면서 읽어 그 내용을 꿰뚫어보아야 한다는 것입니다.

경전 하나를 의지하여 '이 경에서는 맺혀 있는 응어리의 푸는 방법을 어떻게 이야기했느냐'를 연구하고 배워나가, 내 가슴에 응어리를 없애고 마음의 병통을 떼어내는 공부를 해야 합니다.

이 응어리가 풀어지면 불교의 표현대로 '벗어난다'고 할 수 있습니다. '해탈(解脫)'이라는 이름을 붙일 수 있습니다. 이 응어리가 남을 때에 모든 장애가 여기에서 일어나지만, 이 응어리 하나하나를 들어낼 때 지나간 시간에 쌓았던 업장(業障)의 인연들이 하나씩 하나씩 풀어지는 것입니다.

'내 가슴의 응어리라는 것'은 '눈'이라는 물건을 가지고는 볼 수 있는 것이 아닙니다. 하지만 그것이 때를 만나면 '나'를 매우 고통스럽고 곤혹스럽게 만듭니다. 그럴 때일수록 우리는 긍정을 합니다.

'아, 나에게 이런 장애가 있었구나.'

'아, 나에게 이러한 업이 있구나.'

하지만 응어리가 보여야 그 응어리를 없앨 수 있을텐데, 우리의 눈에는 그 응어리가 보이지를 않습니다. 그래서 부처님께서는 방법을 제시하였습니다. 업장소멸의 한 방법으로, 경을 부지런히 읽어 응어리를 풀어내고 병통을 떼어내라는 것입니다. 따라서 불자라면 부처님께서 제시하신 이 방법을 실천하여 마지막 해탈의 차원에 이르도록 노력을 해야 합니다.

그런데 과연 경전공부를 통하여 업장소멸이 가능한 것인가? 나의 경전 공부시절을 예로 들어보겠습니다.

내가 처음 해인사 강원에서 글을 배울 때는 한 30명 가량 함께 시작을 했습니다. 대강사였던 나의 은사 고봉스님께서는 개별적으로 지도해주시지 않고, 마을 서당에서 글을 가르치는 식이었습니다. 전날 배운 글을 다음날 차례대로 암송을 시켰고, 못외우면 회초리로 종아리를 때렸습니다. 예불문과 천수경은 어른이 한번 읽어주시면 따라 읽고, 그 다음날 배운데까지 암송해야 했습니다.

초심반(初心班)에서 초발심자경문을 배울 때는 암송을 한 다음 서로 토론도 하고 짝을 지어 공부를 했습니다. 이 초발심자경문을 배울 때는 그렇게 애써서 책을 읽는다는 생각없이 지냈습니다. 그런데 밤마다 글 속에서 잠을 자고 글 속에서 뒹굴었습니다. 벽도 글이고 천장도 글이고 바닥도 글이고 사방이 전부 글이었습니다. 미처 암송을 하지 못한 부분이 있으면 잠자리에 누워서도 걱정이 되었는데, 잠 속에서 그 막히는 구절이 그대로 드러나 암송이 되는 꿈을 많이 꾸었습니다.

내가 초심을 마치고 치문반(緇門班)으로 올라갔을 때, 은사스님께서 "가르치는 것도 배워야 한다"고 하시며, 나에게 초심반을 가르치라고 하셨습니다. 그래서 초심을 끝내고 뒤돌아서서 초심반을 가르치고, 사집(四集)을 배우면서 또 뒤돌아서서 치문반을 가르쳤습니다.

지금 생각해보면 그런 식으로 앞도 뒤도 모르고 위험하게 한 것 같습니다. 그때 내 나이가 얼마 되지 않았습니다만, 앞에서 말씀드렸듯이, '옴마니반메훔' 주력을 통하여 현재의 시간과 공간을 초월한 세계를 자꾸 체험하여서인지, 글을 읽고 남을 가르침에 있어, 남들이 생각하지 못하는 부분을 꼬집어 평을 하고 판단할 수 있었습니다.

어떻게 주력하면서 경전공부까지 잘 할 수 있었을까? 불교의 경전은 모두가 우리의 마음자리를 밝히고 마음의 응어리를 푸는 내용들로 구성되어 있습니다. 그렇기 때문에 마음공부인 '관세음보살', '이 뭐꼬', '옴마니반메훔' 등과 함께 꾸준히 해나가다 보면 이 공부가 서로 통하게 됩니다. 각각의 공부가 한 뿌리를 이루고 있기 때문에 저절로 연결이 되는 것입니다. 곧 모든 공부가 마음의 뿌리로 돌아가게 되는 것입니다.

사집(四集: 서장·도서·선요·절요)공부는 6·25 사변 전에 해인사 학봉노스님 밑에서 다 끝냈습니다만, 사변 후 흩어졌던 사람들을 모아 다시 공부를 시작할 때 사교반(四敎班)을 구성할만한 인원이 모이지 않아 사집공부를 다시 한번 더하였습니다. 그리고나서 사교(四敎: 능엄경·기신론·금강경·원각경)를 시작할 수 있었습니다. 그때도 능엄경은 두세번을 되풀이하여 공부했습니다.

능엄경을 공부할 때 '부처님의 경전을 읽으면 업장참회가 된다' 는 마음가짐으로 애를 써서 공부하고 열심히 연구했습니다. 그러다가 밤에 잠이 들면 내 배 속에 있는 더러운 것을 모두 토해내는 꿈을 자주 꾸었습니다. 평소에 음식을 잘못 먹으면 속이 답답하다가 토할 때 숨이 막 넘어가듯이, 꿈 속에서도 그렇게 느껴졌습니다.

'아! 이러다가 내가 죽는 것이 아닐가?'

이런 걱정을 하면서 배 속에 있는 것을 토해내는데 시커먼 하수도 찌꺼기같은 피와 머리카락 등이 엉킨 지저분한 것들이 목에서 계속 넘어와 방바닥 전체를 다 덮어버리는 것이었습니다.

꿈 속에서는 그렇게 고통스럽고 숨이 막혀와도, 이튿날 일어나면 마음이 깨끗해지고 몸상태도 아주 맑고 상쾌했습니다. 어른들께 그런 이야기를 드렸더니 진단을 내려주셨습니다.

"업장소멸을 뜻하는 좋은 현상이다. 여태까지 버릇이 되었던 탐·진·치 삼독(三毒)과 나에게 나쁜 것들이 모두 떨어져나가는 꿈이다."

"앞으로 경전 연구를 하거나 중노릇을 하는데 좋은 보탬이 될 것이다. 방해가 떨어지고 장애가 떨어지고 업장이 녹는다는 뜻이다."

ℰ

이처럼 경전공부를 열심히 하다보면 염불이나 기도를 열심히 할 때처럼 업장소멸이 되는 것입니다.

내용을 확신할 때까지 공부하라

이제 경전공부의 핵심에 대해 잠깐 언급하겠습니다. 내가 사집을 공부할 때는 뜻을 곧바로 이해할 수 있었습니다. 그러나 사교를 공부할 때는 사집을 배울 때와는 달리 조금 어려움을 느꼈습니다. 그런데 한 경전을 배울 때 그렇게 어렵게 느껴졌던 내용이 한계단을 올라가서 다른 경전을 배우면서 뒤돌아보면 "아, 그때 그 이야기가 바로 이 말이었구나. 그때는 그렇게 어렵더니 바로 이 뜻이었구나" 하고 깨달아졌습니다.

예를 들면, 능엄경 연구할 때는 능엄경이 그렇게 어려워 이해가 되지 않았는데, 기신론을 연구하면서 뒤돌아보니 그 뜻이 이해가 되었습니다. 금강경을 공부할 때 이해 되지 않던 부분들이 원각경을 연구하며 뒤돌아보았더니 막혔던 부분이 통해지고 이해 못한 부분이 해결이 되었습니다.

이런 식으로 사교와 대교(大教: 화엄경)를 마치고 은사이신 고봉스님의 강맥(講脈)을 잇자, 어느 비구니스님 강원에서 강사로 와달라는 청이 들어왔습니다. 그 자리를 거절하자 고봉스님께서 물었습니다.

"왜 거절을 하느냐?"

"저는 강사노릇을 업으로 삼지 않겠습니다."

고집을 부리다가 우리 스님께 주장자로 얻어맞았습니다. 한차례·두차례가 아니라 여러차례 아주 세게 맞은 일이 있었습니다.

그때 '강사 노릇으로 업을 삼지 않겠다' 는 생각이 들었던 나는 경책을 자꾸 멀리하고 덮어버렸습니다. 경책을 끝없이 그대로 붙들고 가야 하는데, 그렇게 하지 못했습니다. 지금도 범어사 강주로 있는 제자 덕민스님은 말합니다.

"우리 스님은 일부러 책을 안 쳐다보려고 한다."

그래도 어쩔 수 없이 강사를 좀 하기는 했습니다. 속리산 법주사의 탄성스님이 오셔서, 내가 강사를 맡지 않으면 당신도 주지 자리를 맡지 않겠다며 청하기에 법주사 강원 강사로 한 3년 있었습니다. 그리고 화엄사 강원, 범어사 강원에도 얼마동안 있었습니다. 해인사에서도 강사를 했습니다. 은사 스님께서 살아계실 때였습니다. 그 이후로는, 강사 자리에 가지 않으려고 했습니다.

범어사 강원에서 학인들에게 『초심』·『치문』·『서

장』을 가르칠 때, 덕숭산 수덕사 계통의 지영스님이라는 분이 계셨습니다. 나이는 우리보다 여남은살 많았고 늘 선방에 계셨던 어른이신데, 내가 아이들에게 글을 가르치면 곁에 와서 앉아 계시다가 다 듣고나서는 농담 비슷하게 늘 말씀하셨습니다.

"확실히 잘 한다. 확실히 잘 해. 골자를 흩트리지 않고 잘 가르친다. 어떻게 그렇게 바르고 정확하고 자신있게 가르치느냐? 아이들에게 자신을 심어주려고 애쓰는 점은 다른데서는 보기 어려운 점이다."

그 당시 나는 강원의 학인들에게 강조하였습니다.

"경을 보면서 주력이든 염불이든 화두든지 한가지를 부지런히 해라. 그렇게 해서 스스로 하나씩 체험을 하면 부처님의 경전이 훨씬 이해하기가 쉽고 확신이 선다. 염불이나 화두나 주력을 공부해서 깊어지면, 깊어지는 것만큼 경전의 말씀이 '아, 거짓말이 아니다. 이건 진짜 말씀이다'라는 확신이 서게 된다. 그렇지 않고는 부처님의 경전 이해가 어렵고, 부처님의 경전을 믿기가 어렵다. 허황된 소리 같고 믿어지지 않는다. 부지런히 해서 '틀림 없으시다'라는 것을 확신하게 되면, 부처님 말씀에 대한 고마움 때문에 책을 보면서 혼자 눈물 흘리며 기뻐하는 경지를 체험하게 된다. 그렇게 될 때 중노릇에 대한 보람도 느끼고 자신을 가지고 남을 가르칠 수 있다."

요사이 강원에서 중강(中講)하는 분들을 보면서 나는 안타까운 마음을 가질 때가 있습니다.

'아, 저것은 저렇게 풀이해서는 안 되는데…. 저것은 저 말이 아닌데…. 스스로 조금 더 연구를 해야 하는데…. 기도를 하든지 화두를 하든지 무언가를 체험한 다음에 자신이 있는 말이 나와야 되는데….'

또 경전을 번역한 책들을 보면서 '이 구절은 이렇게 번역하면 안 되는데' 하는 부분들도 참 많습니다.

근래에 와서는 특히 더 한 것 같습니다. 젊은 스님들이 강원에서 공부를 마쳤다고 하여 대화를 해보면, 확신이 하나도 없습니다. 중강 스님들이 자신 없이 불법을 논하기 때문에 학인들도 확신을 못 가집니다. 그러므로 중강 등의 직책을 막연하게 줄 것이 아니라는 생각이 듭니다.

경을 마치고 난 다음에 기도를 하거나 주력을 하거나

화두를 하여 당신 스스로 불교에 대해 확신이 선 사람들, 이론만 챙기기 보다는 이론이 좀 서툴더라도 확신을 심어줄 수 있는 분들에게 가르치는 기회를 주어야 되지 않겠느냐 하는 아쉬움이 있습니다.

불교 경전은 학인들에게 한토막이라도 확신이 붙도록 가르쳐야 하며, 당신 자신이 뭔가 체험을 해야만 확신이 서는 말을 해줄 수 있습니다.

우리나라 강원의 모습

내친 김에 옛날 강원과 지금 강원의 모습을 잠깐 이야기하겠습니다.

각 사원의 제도부터도 옛날에는 너그러움 속에 용서와 허락이 있었습니다만, 지금은 중의 집안이 너무 좁아진게 사실입니다.

일본 강점기때까지는 세속 사람이라도 경전을 연구하고 싶으면 스님네하고 같은 자리에서 공부를 할 수 있었습니다. 범어사에서 열반하신 제운스님은 자주 말씀하셨습니다.

"나는 세속에 있으면서 경전 연구 다 했다. 머리 깎기 전에 부처님의 경전을 스님네하고 똑같이 연구하며 배웠다."

당시에는 세속 사람으로서 부처님의 경전을 스님들과 같이 앉아 연구할 수 있었던 강원이 곳곳에 많이 있었습니다. 그런데 근래에는 그러한 강원의 너그러움이 모두 끊어져 버렸습니다.

강원의 운영에 있어서도, 옛날에는 개개인의 내일 일과에 영향이 없으면 그 학인은 밤을 새워 경전연구를 하는 것이 허용되어 있었습니다. 내가 법주사에 있을 때만 하여도 사중의 허락을 받아 밤을 새워 연구하고 책을 읽을 수 있도록 방 한칸이 개방되었습니다. 그런데 지금은 어느 강원이나 그런 제도가 허용되지 않습니다. 자연, 책을 펼 시간이 부족하므로 학인들의 실력 향상이 이루어지지 않고 있습니다.

또 한가지, 옛날에는 강원의 학인들이 강원을 졸업하고 나서도 내가 공부가 미진하다는 생각이 들면 두 번이고 세 번이고 되풀이 하여 전문 강원에 들어가서 공부를 계속할 수 있었습니다. 그러나 지금은 세속의 학교를 졸업하는 것처럼, 일단 강원에서 공부를 마치면 다른 강원에는 들어갈 수 없도록 되어 있습니다. 제도가 그렇게 되어 있다보니, 본인도 경전연구를 위해 노력을 하지 않게 되고, 점점 교학하는 사람이 끊어져 교학체계가 무너지게 되었습니다.

또한 강원에서의 공부 방법도 많이 달라졌습니다. 지금은 하나에서 열까지 강사스님이 전부 강의를 해주지만, 예전의 우리나라 강원은 강사스님과 학인들이 강의에 동참하여, 서로 자기가 연구한 것을 토론하는 자리였습니다.

사집까지는 주로 배우는 자리였지만, 사교에 올라가면 내가 판단한 불교가 강사스님이 판단한 불교나 윗대 어른들이 판단했던 불교와 일치하는가를 토론하고 감정하는 자리였습니다.

그래서 일본사람들이 한국 강원에 와서 격찬을 했습니다.

"한국불교에 이렇게 좋은 경전연구 방법이 있는 줄 몰랐다. 이런 뛰어난 연구방법이 일본에는 없다."

하루 종일 몸이 아파 지대방에 누워 끼니를 굶다가도 학인스님들이 논강하는 자리에 가면, 경전의 대의총판을 모두 들을 수 있었습니다. 강사스님의 가르침을 꼭 받지 않아도 경전의 내용을 알 수가 있었습니다. 학인스님끼리 참고서란 참고서는 다 갖다 놓고 서로가 한 마디를 더 하려고 애를 쓰는 그 자리에 가면, 경전의 이해 방법 · 역사적인 이야기 · 인물의 이야기 · 글을 분석하고 재결합하여 종합적인 판단을 내리는 등의 나올 이야기는 다 나왔던 것입니다.

그 당시 우리나라 강원의 경전연구 방법은 선방의 스님네가 정진하는 방법과 다를 바가 없었습니다. 경전의 줄거리를 따져 불법의 핵심을 '나'의 것으로 만드는 자리가 강원이었지, 구절구절 뜻풀이를 듣고 이야기를 듣는 자리가 아니었습니다.

그 결과 강원을 나온 이는 어떤 법회에 가더라도 자신있게 강의를 할 수 있었습니다. 자기가 능엄경 법문을 맡았으면, 능엄경 열권의 대의가 무엇이며, 불교에서의 능엄경의 위치와 능엄경은 무엇을 이야기하고 어떤 것을 실천하게 하는 경전이라는 것을 다 말할 수 있었습니다.

실로 경전공부를 하여 그 원리를 깨친다는 것이 한국불교의 경전공부를 하는 목적이요 태도요 뿌리였던 것입니다. 또한 강사스님은 보충설명을 잘 하고 낱말 풀이를 잘 하는 사람보다도, 경전의 뼈대를 잘 추리고 원리를 잘 이해하는 사람에게 자격을 인정해 주었습니다.

선방에서 공부하는 스님처럼, 강원에서 경전을 연구하는 스님 또한 불법판단의 능력으로 자격을 부여했던 것이 우리나라 강원의 풍습이었습니다.

지금처럼 한국 불교의 교학체계가 무너져내린 데에는 위에서 말한 여러가지 문제도 있겠지만, 중간에 한국불교의 몇분 선지식스님의 잘못도 있다고 봅니다.

경전은 연구하지 않고 선방에 앉아 조금 불빛을 보았다는 어른들이 회상(會上)을 꾸며, 자기는 경을 보지 않았으므로 선만 가지고 몰아부치는 것입니다. 또 납자들이 찾아와서 경에 대해 물으면 말합니다.

"다 필요없다. 경이 무슨 소용이 있나. 화두해서 깨치면 그만이지."

이렇게 내려 눌러버린 것이 잘못입니다. 또 그말을 액면 그대로 받아들여, '화두해서 깨달으면 전부 다 된다' 는 식으로 착각을 한 사람에게도 잘못이 있습니다.

이처럼 선종이 자꾸 커지면서 경전을 중시하는 풍습이 사라져버렸지만, 이제 다시 눈을 뜨는 분들이 차츰 많아지고 있습니다.

"부처님의 제자인 우리가 부처님의 경전을 가까이 하고 그 말씀을 늘 음미하면서, 부처님의 말씀을 곁에 사람들한테 전해드리는 것이 진짜 불자들의 해야 할 일이다. 이렇게 흐뭇하고 이렇게 넓은 테두리를 내가 여태 몰랐구나."

이렇게 느끼는 분들이 많이 있습니다.

모름지기 불자는 부처님의 경전을 소중히 하고 가까이 하여야 합니다. 예전에는 모두가 경전을 부처님 대하듯이 하고 살았습니다. 우리가 공부할 때는 경전 앞에서는 드러눕지도 못하고 자세도 함부로 못하게 했습니다. 초심반 때부터 경전 앞에 앉으면 부처님 앞에 앉은 것처럼 조심을 하였고 경전을 소중히 했습니다. 지금도 나는 책꽂이 제일 높은 자리에 경전을 꽂아두고 있습니다.

세속에서의 경전공부

세속에 있는 불자들도 시간이 나면 경전을 가까이 해야 합니다. 한구절 한구절의 이야기가 아니라, 전체적인 흐름을 정확하게 판단하려고 노력하는 것이 경전을 연구하는 올바른 태도입니다.

그럼 재가 불자들은 어떤 경전을 중심으로 삼아 공부하는 것이 좋은가?

불교를 폭넓게 이해하는데에는 『능엄경』이상은 없다고 생각합니다. 능엄경은 대우주의 시작부터 마지막의 깨달음까지를 이론적으로 체계적으로 가장 정확하게 서술해 놓은 경전입니다. 세계의 시작·중생의 시작·업의 시작에서부터, 어떻게 우리가 대우주세계와 하나가 되고 어떻게 얽혀지며 살아가는가를 또렷하게 이야기 해 놓았습니다. 그리고 마를 항복받는 방법과 깨달음의 세계까지 나아가는 법을 밝혀놓았습니다.

그리고 수행방법의 체계를 정확하게 이야기한 것은 『원각경』입니다. 비록 많은 내용은 아니지만 깨달음과 수행해 나가는 차제를 가장 간결하고 정확하게 나타내주고 있는 경전입니다. 어른들 중에는 『원각경』 보안

보살장(普眼菩薩章) 하나만을 소중히 여기는 분도 있지만, 총 12장으로 구성된『원각경』은 수행을 하여 깨달음에로 올라가는 과정을 체계화시켜 놓은 것으로, 12장이 모두 소중합니다.

또한 끝없이 커나가는 대우주에 발을 맞추어 불자들이 향상하는 데에는『금강경』이 가장 좋다고 생각합니다. 아무것도 붙들지 말고 집착하지 말고 미련두지 말고, '한다'도 없고 '했다'도 없고 대상도 없고 주체도 없는 그 속에서 향상해나가는 방법을 설한 경전이『금강경』이기 때문입니다.

대혜(大慧)스님의『서장書狀』은 마음 공부를 시작하는 사람의 마음가짐을 참으로 간결하고 명확하고 알기 쉽게 이야기 했습니다. 이 서장을 선에 관해서만 이야기한 것으로 받아들이면 너무 좁아집니다. 염불·주력·화두·경전공부하는 사람들이 꼭 명심해야 될 과정과 실천, 걸려서는 안 되는 병통들을 간절하게 지적해놓은 것이『서장』입니다.

『육조단경』은 어디든지 걸려서는 안된다는 대우주의 이야기를 축소 시켜 놓은 것입니다. 내용으로 이야기하면 부처님의『금강경』이야기나 육조스님의 단경

이야기가 똑같습니다.

나는 이 다섯가지 중 재가불자들에게 『서장』『금강
경』『육조단경』을 많이 권하며 '한평생 가까이 하라'
고 부탁을 드립니다.

그런데 요즘의 재가불자들은 경전을 신앙용으로만
독송할 뿐 경전을 이해하고 파헤치는 공부를 하지 않
습니다. 속인들에게 그게 무슨 필요가 있느냐는 식입
니다.

그러나 내가 늘 하는 이야기이지만, '인연이란 무서
운 것이고 노력이란 무서운 것'입니다. 놓지 않고 부지
런히 연구하다보면 자기의 마음이 바뀌고 경계가 바뀌
어지는 것을 느낄 수 있습니다.

똑같은 『금강경』을 읽다가도 어떤 날에는 그 구절이
새롭게 가슴에 와서 닿기도 하고, 늘 『능엄경』을 읽다
가도 어떤 날에는 그 말씀이 너무도 고맙게 느껴져 울
게도 됩니다. 경전을 꾸준히 읽다보면, 내 마음의 차원
따라 내 마음의 파도 따라 향상의 움직임이 나타나는
것입니다.

경전을 읽다가 의심나는 구절이 있거나 모르는 부분
이 있을 때는 가까운 곳에 계시는 스님께 가서 여쭈어

보면 됩니다. 만약 여쭈어볼 분이 없으면 그 부분에 매여 있지 말고 하던 공부를 그대로 해나가는 것이 좋은 공부방법입니다. 언젠가는 의문스럽고 몰랐던 구절에 대해 고리가 걸리면서 풀어집니다.

또 어려운 한문에 대한 이해가 깊으신 분은 한문으로 된 경전을 읽고, 그렇지 않을 때는 우리말로 번역해 놓은 경전을 읽으면 됩니다. 혼자 이해가 안 되더라도 꾸준히 계속해서 읽어나가면 됩니다.

옛 스님네들은 어떤 경전 하나를 선택하면 그 경전을 기준으로 삼아 스스로의 수행과정을 점검하고 늘 지송하며 정진했습니다. 이처럼 재가의 불자들도 하나의 경전을 중심으로 삼고 정진하는 것이 좋습니다. 그리고 그 경전을 기둥으로 삼아, 나의 수행을 돌아보고 나의 차원을 살펴보고 나의 향상을 점검하면서 꾸준히 지송하면 됩니다. 아울러 다른 불교책을 많이 접할 것을 당부드립니다.

부처님의 경전은 끝이 없습니다. 깨달음도 끝이 없습니다. 한번 깨달으면 다 되는 것처럼 착각하는 이도 있지만 깨달음은 끝이 없는 것입니다. 매일 매일의 생활속에서 하나씩 깨달아가고, 이런 작은 깨달음들이 쌓이고 쌓여 중단하지 않고 끝까지 가야 마지막 깨달음이 오는 것입니다.

자기의 내적 향상이 있어야 비로소 바깥세계가 거룩하고 고맙고 아름답고 크게 느껴지게 됩니다. 자기 정진이 없으면 자기 정도로만 쳐다보게 되고, 자기 정도밖에 생각할 수 없습니다. 그러므로 안으로 부지런히 정진을 하여 자기 안에서 빛이 나게 해야 합니다. 그것들이 쌓이면 저절로 바깥 세상도 넓어지고 빛이 나게 되는 것입니다.

공덕경과 요의경

　흔히 사람들은 어느 경을 읽으면 공덕이 많고 어느 경을 읽으면 공덕이 덜할 것이라고 생각하지만, 부처님의 경전은 어느 것이나 그 효력이 똑같습니다. 모두가 공덕경(功德經)입니다.

　내가 항상 '관세음보살'을 부르거나 '옴마니 반메훔'을 하거나 '이 뭐꼬'를 하는 것이 다를 바 없다고 말씀드렸듯이, 『금강경』을 읽거나 『반야심경』을 읽거나 『관음경』을 읽거나 모두가 똑같습니다. 이것과 저것의 차별을 생각하지 말고 한가지를 중심에 두고 끝까지 밀어부치는 노력을 하는 것이 중요할 뿐입니다.

　앞에서도 말씀을 드렸지만, 부처님의 경전은 모두가 마음의 응어리를 풀어내는 방법을 이야기해놓고 있습니다. 그러므로 한가지를 꾸준히 연구하면 전체가 다 풀어지기 때문에 여러 가지 공부를 동시에 하려는 욕심만 부리지 마십시오. 한가지 공부를 꾸준히 해나가면 결국 그 힘이 모여 모든 것을 해결해 줍니다.

　공덕경 또한 마찬가지입니다. 돌아가신 분을 위해서 읽어드리는 경은 전부 공덕경이 되고, 어떤 원을 위해서나 사업성취를 위해서 읽는 것도 다 공덕경이 됩니다. 지송하는 당사자와 그때의 인연이 부딪혀 어떤 영험을 나투면 그것이 공덕경이 되는 것입니다. 그러므로 어느 경은 공덕경이고 어느 경은 공덕경이 아니라는 소리를 할 수가 없습니다.

그런데 '공덕경으로 읽는 것' 과 '경전연구를 하는 것' 은 조금 차이가 있습니다.

『금강경』에서 "4구게만 가지고서 남에게 해설해주는 공덕이 칠보 보시의 공덕보다 더 크다"고 하였듯이, 연구하는 쪽의 공덕이 더 크다고 할 수 있습니다. 연구하는 쪽이 공덕이 더 크다는 이야기는 결국 경전의 내용이 내 것이 된다는 것입니다. 그러므로 경전을 입으로만 줄줄줄 외우기 보다는 내용을 내 것으로 만들면서 읽는 것이 바람직합니다.

그리고 불경은 크게 요의경과 불요의경으로 나뉘어집니다.

불교경전 가운데 『반야심경』『금강경』『원각경』처럼 진리를 전부 노출시켜 직설해주신 것은 요의경(了義經)이라 보고, 『팔양경』『우란분경』『목련경』처럼 진리의 이야기 없이 피상적으로 써놓은 것은 불요의경(不了

義經)이라고 보면 됩니다. 곧 이치를 바로 깨우쳐 실천으로 나아가도록 설해 놓은 것은 요의경이요, 이치를 이야기하지 않고 피상적인 일상의 행을 이야기한 것은 불요의경입니다.

일반적으로 『아미타경』이나 『지장경』은 요의경으로 보는데, 사람에 따라 『지장경』을 불요의경이라고 규정하기도 합니다. 결론적으로 말해 진짜를 이야기한 것은 요의경이요 방편으로 끌어들이기 위해 이야기한 것은 불요의경이라고 보면 됩니다.

이렇게 볼 때 『관음경』은 요의경입니다. 이 경전은 나의 구원에서 시작되지만 자비의 행으로 마무리를 하고 있습니다. 이른바 '나'의 이익에서 한 차원을 넘어 남을 위한 실천 쪽으로 나아간 것입니다.

불교는 내 가슴에 응어리를 없애는 공부라고 했습니다. 모두들 가슴에 너무나 많은 응어리를 담고 있습니다. 쓰레기통처럼 불필요한 응어리가 많이 담겨 있습니다. 그러나 그 응어리를 주워내는 것이 쉽지가 않습니다. 아무리 주워내려고 해도 주워낼 수 없습니다.

내가 그 응어리에 집착하고 있기 때문입니다. 그것을 주워내는 방법이 무엇인가? 부처님께서는 그 방법으로 많은 것을 제시하셨습니다. 그 속에 '반야심경' 도 있고 '금강경' 도 있고 '이 뭐꼬' 도 있고 '관세음보살' 도 있는 것입니다.

항상 부탁을 드리지만 이 공부가 끊어지지 않도록 실낱처럼 계속 이어지도록, 해야 합니다. 그렇게 할 때 이 공부가 우리에게 공덕을 가져다 주고 영험을 나투어주는 것입니다.

부디 앞의 이야기를 참고로 하여 경전공부를 꾸준히 잘 하시기를 축원드립니다.

V. 참선수행

참선과 화두

염불이나 주력(呪力)이 불보살님의 근본 서원력에 의지하여 해탈을 얻는 타력(他力)의 수행법이라면, 참선은 자기 힘으로 자기의 '본래면목(本來面目) · 주인공 · 근본 마음자리'를 직접 찾아 해탈하는 자력(自力)의 수행입니다. 곧 참선 수행은 자기의 마음자리가 어떠한 것이며, 그것이 어디에 있는지를 확실히 체득하여 아는 것입니다.

참선의 수행법으로는 간화선(看話禪)과 묵조선(默照禪)이라는 두 개의 큰 가닥이 있습니다. 묵조선은 묵묵히 자기 마음자리를 돌아보는 수행법이고, 간화선은 화두에 의지하여 닦는 선법으로, 달리 화두선(話頭禪)이라고도 합니다. 우리 나라에서는 전통적으로 이 간화선법에 의한 참선 수행을 하고 있습니다.

그럼 간화선의 중심이 되고 있는 화두(話頭)란 무엇인가? 화두는 '말씀 화(話)', '머리 두(頭)'라는 글자의 뜻 그대로 말의 머리입니다. 근본 마음자리나 진리 등을 설함에 있어 처음부터 끝까지 차근차근 말한 것이 아니라, 직설적으로 가장 요긴한 답만을 말한 것입니다.

누군가에게 의심나는 바를 물었을 때, 전후 배경은 어떠하고 핵심은 무엇이라는 것을 자세히 이야기해주면 그 뜻이 무엇이라는 것을 능히 이해할 수 있습니다. 그런데 책의 첫머리에 붙이는 서두(序頭)가 책의 구체적인 내용을 밝히기에 앞서 그 책을 읽도록 유도하는 정도로 그치는 것처럼, 질문에 대한 해답을 풀어서 이야기해 주지 않고 첫머리에서 끝내 버린 것이 화두입니다.

원래 화두는 조사 스님들의 선문답(禪問答)에서 출발을 하였습니다. 옛 조사 스님들은 도를 이야기할 때 자세히 설명을 하는 것이 아니라, 상대의 마음을 꿰뚫는 직설적인 언어로써 답을 하였습니다. 곧 답을 해주는 조사의 경지 그대로 말을 하였던 것입니다.

자연 도가 익은 제자는 그 말씀을 알아듣고 깨달음을 이루게 되지만, 도가 익지 않은 제자는 도무지 무슨 말인지를 알아듣지 못하여 의문만 더욱 커질 수 밖에 없습니다.이렇듯 도저히 알 수 없는 의문을 품게 만드는 것이 화두요, 그 의문을 타파하면 그 말을 한 조사와 같은 경지의 깨달음을 이룰 수 있게 하는 것이 화두입니다. 그래서 이 화두를 일러 조사의 집안으로 들어가는 관문, 곧 조사관(祖師關)고 합니다.

물론 중국에서 선종이 생겨난 초기부터 오늘날과 같은 화두가 정형화되어 있었던 것은 아닙니다. 오히려 선종 초기에는 묵묵히 자기의 마음자리를 돌아보는 묵조선을 많이 행하였으나, 위대한 선지식이 줄어듬과 동시에 사람들의 근기가 약해지고 묵조선이 고요한 데만 빠져드는 병폐를 낳게 되자, 차츰 깨달음을 이룬 옛 조사의 화두를 활용하는 간화선을 정착시키게 된 것입니다.

이렇게 깨달음의 관문이 되는 화두는 무려 1,700여 가지나 됩니다. 중국 송나라 때의 대혜(大慧)선사는 이

들 1,700여 가지의 화두 중 간절한 의심을 불러일으킬 수 있는 화두 여섯 가지를 택하여 간화선법을 정립하였습니다. 그 여섯 가지는 다음과 같습니다.

① 문원스님이 조주선사께 여쭈었다.
"개에게도 불성이 있습니까? 없습니까?"
"없다〔無〕."

② 어떤 스님이 조주선사께 여쭈었다.
"달마 대사가 서쪽에서 온 까닭이 무엇입니까?"
"뜰 앞의 잣나무니라〔庭前栢樹子〕."

③ 어떤 스님이 동산선사께 여쭈었다.
"어떤 것이 부처입니까?"
"삼베 세 근이니라〔麻三斤〕."

④ 어떤 스님이 운문선사께 여쭈었다.
"어떤 것이 부처입니까?"
"마른 똥막대기이니라〔乾屎厥〕."

⑤ 방거사가 마조스님께 여쭈었다.

"만법을 초월하여 홀로 있는 사람은 누구입니까? "

"그대가 서강(西江)의 물을 한 입에 다 마신 뒤에 말해 주리라〔一口吸盡西江水〕."

⑥ 어떤 스님이 운문선사에게 물었다.

"부처님께서 나오신 곳이 어디입니까? "

"동산이 물 위로 가느니라〔東山水上行〕."

이상의 선문답에서 보듯이, 질문에 대한 선사들의 답은 이만저만 이상한 것이 아닙니다. 그야말로 완전히 뚱딴지 같은 답입니다. 그런데 이 뚱딴지 같은 답에 대해 간절한 의심을 일으키면, 본래면목·근본 마음자리·주인공을 찾는 가장 좋은 길잡이가 됩니다.

곧,

"왜 조주스님은 개에게 불성이 '없다'고 하였는가?"

"어째서 조사께서 오신 뜻이 뜰 앞의 잣나무인가?"

"부처를 물었는데 무슨 이유로 삼베 세 근이라 하였는가?"

"부처를 마른 똥막대기라 한 까닭이 무엇인가?"

"서강의 물을 한 입에 다 마시는 방법은 무엇인가?"

"부처님 나오신 곳을 물었는데 어째서 운문스님은 동산이 물 위로 간다고 하셨는가?"

이렇게 무슨 화두든 하나를 잡고 '어째서?', '왜?', '무슨 뜻으로?' 그렇게 말씀하셨는가를 묻고 또 되묻다보면, 어느 순간에 의문덩어리가 탁 터지면서 조주 선사·운문 선사·마조 선사와 같은 경지에 이를 수 있는 것입니다.

어떤 것이 진짜 화두인가

하지만 우리의 마음 속 깊은 곳에는 무엇을 의지하고 붙들고 싶어하는 속성이 남아 있습니다. 그래서인지 부처님이나 불가사의한 힘에 의지하는 타력(他力)신앙인 염불이나 주력은 쉽게 접근을 할 수 있지만, 자력(自力)으로 해결해야 하는 화두정진은 세세생생동안 익히지도 않았고 연도 없으므로 발을 붙이기가 쉽지 않을 뿐 아니라 자꾸만 어렵게 느껴지는 것입니다.

흔히들 화두정진을 한다고 앉아 있지만, "화두를 가지고 염불을 한다"는 말을 많이 합니다. 무슨 뜻인가? 화두는 일반인이 이해할 수 있는 평범한 말이 아닙니다. 그것은 고리와 같은 것입니다. 처음부터 마음에 고리가 되어 꽉 얽혀야 하는데, 이렇게 얽히지 않으므로 '이 뭐꼬' 라는 말을 자꾸 되풀이하게 된다는 것입니다. 이렇게 하는 것은 염불이지 화두가 아닙니다.

참된 화두는 '이 뭐꼬' '무' '삼 세 근' 이라는 단어를 듣는 바로 그 순간부터 무엇인가가 꽉 얽히면 참된 화두가 되는데, 참된 화두로 걸리지 않기 때문에 억지로 '이 뭐꼬' 를 생각으로 반복을 하고 입으로라도 되뇌이는 것입니다, 이는 단어를 그대로 염송하는 상태이므로, 화두가 아니라 염불을 하고 있는 것과 같은 것입니다.

실로 참선을 하여 대오(大悟)를 하려면 반드시 화두에 고리가 걸려야 합니다. 그러나 대부분의 사람들은 처음부터 화두에 고리가 걸리지 않습니다. 지나간 시간에 연이 없는 사람들이므로 당연히 고리가 걸리는 것이 힘 들기 마련입니다.

그러면 화두의 고리는 어떻게 걸어야 하는가? 통도사 극락암을 찾아 처음부터 화두를 잡았던 벽산(碧山) 스님의 이야기를 예로 들어 이해를 돕고자 합니다.

벽산스님은 통도사 경봉노스님의 상좌로 30세가 넘어 출가를 하였습니다. 출가전 스님은 늦은 나이에 군복무를 마쳤지만, 세상을 살아가기가 지긋지긋하여 군생활을 같이 하였던 철웅스님을 만나 이야기해보고 갈 길을 정하기로 했습니다.

"나도 철웅스님처럼 승려가 되는 길을 갈 수 있으면 승려가 되어 살 것이고, 다시 사회인이 되어야 한다면

차라리 죽어버려야겠다"

그는 철웅스님이 공부하고 있던 통도사 극락암으로 향했습니다. 통도사를 지나 극락암이 보이는 자리에 서니, 산세가 정답게 느껴지는 것이 마치 객지에 나갔다가 고향집으로 돌아온 것만 같았습니다. 철웅스님은 인사 몇마디를 주고 받고는 친구를 경봉노스님께 데리고 가서 부탁 말씀을 드렸습니다.

"마을 친구 헌배입니다. 저는 선방에 들어가야 하니 한평생 잊지 않고 간수할 법문을 들려주십시오"

경봉노스님께 절을 하고 마주 앉은 순간, 노스님은 이름을 불렀습니다.

"헌배야."

"예."

"지금 '예' 라고 대답한 그 놈이 무엇이냐?"

노스님의 말씀에 눈 앞이 캄캄하고 호흡이 꽉 막히면서 하늘과 땅이 깨어지는 것 같았습니다. 억지로 호흡을 두 세번 한 다음에 말했습니다.

"마음입니다."

"그것은 마음도 아니다. 그저 그렇게 지키고 간직해라."

이것이 바로 화두입니다. 설명이 필요없습니다. 그냥 그렇게 걸리는 것이 화두입니다. 불교와 늦게 연을 맺었지만 벽산스님은 경봉노스님을 처음 만난 그 자리에서 화두가 딱 걸려버린 아주 드문 인연이었습니다. '화두'라는 말도 모르고 '참선'이라는 말도 똑똑히 모를 때에, 노스님과의 전생 인연 때문인지 첫 고비에서 그렇게 걸린 것입니다.

화두는 벽산스님의 경우처럼 그렇게 걸려야 되고, 그렇게 시작이 되어야 됩니다. 억지로 말을 걸어 화두를 만들려고 하니, 그 말을 되뇌이며 염불을 하게 되는 것입니다. '이 뭐꼬?' '무?' 하는 그 말은 진짜 화두가 아닙니다. '이 뭐꼬?' '무?'를 소리로 되뇌이면 그것은 사구(死句)이고, 벽산 스님처럼 말이 필요없이 걸리면 활구(活句)가 되는 것입니다. 흔히 선방에서는 말을 합니다.

"화두가 멀면 안된다. 화두는 가까워야 된다"

이 말은 곧 고리가 딱 걸려야 화두가 되는 것이지, 엉거주춤한 상태에서는 공부도 안 되고 공부의 향상도 없다는 것입니다. 고리가 걸리는 진짜 화두가 되면 의심이 저절로 커져 가까워지기 마련인데, 고리가 안 걸리므로 억지로 '이 뭐꼬' '뭐꼬' 하며 만들어가기는 만들어갑니다. 그러나 어떻습니까? 만들어가기는 하지만 꽉 조여지지 않으니까 화두하는 사람의 입장에서는 답답하기만 할 뿐입니다.

하지만 이러한 답답함이야말로 참선수행을 하는 이에게는 참으로 소중한 것입니다. 이러한 답답함을 못 견뎌하던 중 그 돌파구를 찾아나섰다가, 앞의 벽산스님처럼 한마디에 고리가 걸린 또 다른 예가 금봉(錦峰)노스님의 경우입니다.

금봉스님은 19세에 출가하여 문경 대승사에서 6년 동안 공양주 노릇을 했습니다. 그때 부엌 문에 써붙여 놓은 '입차문래 막존지해(入此門來 莫存知解)'라는 여덟 글자를 보고 늘 '저 말이 도대체 무슨 말일까' 하고 생각했습니다. 그러나 시원한 풀이가 나오지 않았습니다.

'이 문안에 들어오면 분별심을 두지 말라'는 말인데, 그 뜻이 더 정확하고 가깝게 가슴에 닿아 확실하게 '나'의 살림살이가 되지 못하였으므로 속이 답답하기만 할 뿐이었습니다.

스님은 6년동안 공양주를 하다가, '공부를 해야겠다'는 생각으로 도망을 나와 해인사 선방에 들어갔습니다. 그때 해인사 선방에는 제산스님이 조실로 계셨는데, 4월 보름날 결제에 들어가면서 '부모미생전 본래면목(父母未生前 本來面目)'이라는 화두를 일러주셨습니다.

"아버지 어머니가 나라고 하는 이 몸뚱아리를 만들어주기 전의 본래 모습은 무엇인가?"

하지만 이 화두는 고리가 걸리지를 않고 엉거주춤한 상태로 있었습니다. 스님은 한달 반동안 매일 조실방으로 찾아가서 질문을 드렸습니다.

"답답하기만 할 뿐 공부가 안 됩니다. 말씀을 좀 바꾸어서 해주십시오."

"나로서는 그 이상의 이야기는 못해주겠다. 파계사 성전암에 가면 혜월스님이 계신다. 거기에 가거라."

"결제 중인데 어떻게 갑니까?"

"내가 소개장을 써주마. 결제중이라도 괜찮으니 가거라."

본래 파계사 성전암은 '백운선원'이라는 선방이 있

었습니다. 삼십 명 대중이 둘러앉을 수 있는 큰 방이었습니다, 금봉스님은 혜월노스님을 찾아뵙고 지도를 해줄 것을 청했습니다. 그러자 혜월스님은 곧바로 질문을 던졌습니다.

"부모미생전에 면목은 고사하고, 자네의 현전면목(現前面目)은 무엇인가?"

그 말이 떨어지는 순간 금봉스님은 숨이 꽉 막히면서 눈앞이 아찔하고 마치 하늘이 조각조각 나는 것 같았습니다.

그날부터 선방에 앉아 정진하여 6일만에 현전면목에 대한 해결을 보고 다시 혜월노스님을 찾아가자, 노스님께서 목침 하나를 앞에 놓고 질문을 하셨습니다. 금봉스님은 혜월노스님이 목침을 엎었다가 제꼈다가 모로 세웠다가 거꾸로 세웠다가 하면서 던지는 열마디 질문에 대해서는 열마디 대답을 다 할 수 있었습니다. 그러나 목침을 없애버리고 아무것도 없는데서 목침을 엎었다가 제꼈다가 모로 세웠다가 거꾸로 세웠다가 하는 열마디 질문에는 세마디 대답밖에 나오지 않았습니다.

"아직까지 덜 되었으니 가서 더 정진해라."

금봉스님은 너무 분하여 노스님 방을 나와 물 한 모

금 밥 한 숟가락 먹지 않고 선채로 그날 밤을 넘겼습니다. 그리고 그 이튿날 첫 새벽에 도량석을 끝내고 치는 종소리에 완전히 해결을 보았습니다. 금봉스님은 너무 기뻐 조실방으로 뛰어가 소리를 쳤습니다. 그러자 노스님께서 나와 손으로 입을 꽉 막았습니다.

"이제 너의 일은 끝났지만, 큰 방에 앉아 있는 수좌들이 네 소리를 들으면 공부에 방해를 받는다. 자기 실력으로 체득한 공부가 아니라 남의 말을 암송해서 부려먹는 식의 잘못된 공부가 된다. 너는 이제 자고 싶으면 자고 눕고 싶으면 눕고 물을 마시고 싶으면 물을 마셔라."

§

진짜 화두! 벽산스님이나 금봉스님의 경우처럼 화두는 이렇게 고리가 꽉 걸려야 합니다. 그래야만 진짜 화두가 됩니다. 그러나 지금은 중생들의 근기가 약하고, 또 큰스님에게 화두를 받아도 물에 물 탄 듯하는 심정으로 가버립니다. 더욱이 선지식 쪽에서 지혜의 칼로 내리쳐도 이 칼이 어느 쪽으로 오는 칼인지조차 모르니 어떻게 화두가 고리가 되어 걸리겠습니까?

꾸준히 노력해라

화두가 바로 걸려버리면 공부하기가 아주 쉬운데, 바로 걸리지 않으면 참으로 애를 먹습니다. 물론 화두의 고리가 걸리지 않을 때는 꾸준한 노력이 뒤따라야 합니다.

그러나 이 노력이 그저 평범한 마음으로는 안 됩니다. 뭔가 하나의 목적을 또렷이 설정하여 지독하게 몰아부쳐야 걸리게 되는 것입니다.

그렇지 않을 때는 선지식 쪽에서 힘껏 칼질을 해도 내 쪽에서 받아들일 준비가 되어있지 않으므로 어느 쪽으로 오는 칼인지를 알 수가 없고 받아들일 수도 없게 됩니다.

그러므로 화두가 걸리지 않는다고 하여 포기하지 말고 꾸준히 노력해야 합니다. 자꾸자꾸 노력하다보면 시간이 지나면서 차츰차츰 걸리게 되고, 또 화두가 걸리지 않더라도 결국에는 해결이 되는 것 같습니다.

곧 염불이나 주력을 하다가 보면 식(識)이 맑아지고 업이 맑아지면서 지혜가 밝아지는 것처럼, 화두도 꾸준히 하다보면 식이 맑아지고 지혜가 밝아지게 됩니다.

그러나 노력하지 않으면 이러한 경지가 찾아오지 않습니다. 특히 번뇌망상(煩惱妄想)에 대해서는 꾸준히 대처를 해야합니다.

실로 참선을 한다고 앉아 있으면 '오히려 망상을 피우는 쪽이 더 재미가 있다' 고 할 만큼 번뇌망상이 많이 일어납니다. 여태까지 우리는 번뇌 속에 휩쓸려 살아왔기 때문에 번뇌를 쉽게 다스리지 못합니다. 따라서 번뇌가 일어날 때마다 번뇌망상을 끊는 노력이 따라야 합니다.

"망상이 일어날 때 목을 쳐버린다"는 표현을 선방에서 즐겨쓰는데, 이 말은 "망상이 일어나면 바로 그 생각을 없애버린다"는 뜻입니다. 곧 망상을 딱 끊어버리고 생각을 가다듬어 다시 화두를 챙기다보면 망상은 저절로 없어지게 된다는 것입니다.

내가 통도사 극락암의 선방에 앉아 있을 때의 일입니다. 화두는 걸리지 않고 자꾸 망상이 일어나다가 나중에는 은사스님께서 오래 전에 하신 말씀까지 마음을 흔드는 번뇌로 바뀌었습니다.

'아! 우리 스님이 나보고 선방에 앉아 있을 근기가 못 된다고 하시더니 … . 처음부터 안 되는 것을 할 바에는, 차라리 그만두는게 낫겠다.'

나는 답답하여 경봉노스님께 여쭈었습니다.

"저는 참선할 근기가 못 되는 것 같습니다. 우리 스님이 참선할 근기가 못된다고 하셨는데, 선방에 앉아 있으니 그 말이 절실히 느껴지고, 그 말이 자꾸 걸려서 더 안됩니다."

"어떤 사람은 정진할 수 있고 어떤 사람은 정진하지 못한다는 법이 정해져 있다더냐? 누구나 처음에는 그렇게 고생을 하는 법이다. 망상이 일어나면 그때그때 망상을 접고 화두를 딱 챙기고 또 챙기는, 이 노력을 부지런히 할 때에 이루어지는 것이다. 그것만이 이겨내는 방법이지 다른 방법은 없다."

ξ

낯선 고장에 처음 가면 '아, 멋있다 · 좋다' 는 생각이 들지만, 그곳에서 며칠을 머무르다보면 싫증이 나듯이, 화두나 공부의 세계에도 똑같은 현상이 벌어집니다. 그러므로 그 공부를 꾸준히 끌고가는 노력이 필요한 것입니다.

옛어른들이 화두를 할 때에는 구멍 속의 쥐를 노리는 고양이의 심정이 되어야 하고, 모기가 무쇠소의 등을 뚫고 들어가는 것 같은 의지가 따라야 하고, 닭이 계란을 품는 정성이 필요하다고 하였듯이, 참선수행에는 화두를 놓치지 않고 꾸준히 들고 가는 노력이 가장 필요합니다.

또한 '말을 하지 말라' 고 하는데, 마음 다스리는 쪽에서는 말이라는 것이 많은 손해를 가져다 줍니다. 화두를 들고 음식을 먹거나 딴 행동을 할 때에는 억지로라도 연결이 되는데, 이야기를 하다보면 어느새 화두가 달아나버립니다.

어지간히 공부가 이어지다가도 대화를 하다보면 방해가 된다는 것을 절실히 느끼게 되므로, 될 수 있는대로 말을 하지 않는 것이 좋습니다.

그리고 참선공부가 선방 스님들보다 속인들에게 힘든다는 것은 너무나 당연합니다. 그러나 재가불자들도 하면 됩니다. 얼마 전에 돌아가셨지만 대전 쪽에 계셨던 성암거사는 공부인들 사이에서 '눈이 밝은 분이요 공부를 이룬 분' 이라는 인정을 받았습니다. 그러므로 재가의 불자들도 노력하면 공부를 이룰 수가 있습니다.

세속에서 염불 · 기도 · 경전공부와 더불어 하루에 30분씩이라도 화두정진을 병행할 수 있으면, 나의 일상생활에 지혜가 늘고 보탬이 될 수 있습니다. 그러므로 재가의 불자들도 꾸준히 참선을 하고자 노력해야 합니다.

처음 참선하는 이들이 주의할 점

참선을 할 때의 자세〔調身〕·호흡〔調息〕·마음가짐
〔調心〕은 다 중요합니다. 기도를 할 때는 기도할 때의
몸가짐·마음가짐이 있고, 경을 읽을 때도 몸가짐·마
음가짐이 따르는 것처럼, 참선에도 몸가짐·마음가짐
이 중요합니다.

『좌선의』에는 앉는 법에서부터 몸을 바로 세우는 법,
손을 놓는 법, 입술과 혀와 눈에 대해서까지 세세한 방
법을 다 말해 놓았습니다. 이런 것을 다 지키며 하는 것
이 좋습니다. 처음 익힐 때는 조금 힘이 들어도, 한번
자리가 잡히면 몸은 다시 변동이 없으므로 처음에 잘
익히는 것이 중요합니다.

호흡에 대해서도 '길고 가늘고 고르고 부드럽게 하
라' 는 요령을 말해놓았습니다. 처음에 그렇게 익혀놓
으면 계속 그대로 가는데, 그렇지 못한 경우에는 호흡
이 짧고 거칠어져서 병을 초래하는 경우가 많습니다.
호흡이 익을 때까지는 신경이 쓰이고 힘이 들겠지만
노력을 해서 익혀야 합니다. 평소의 호흡보다 조금 길
게 한다는 마음가짐으로 호흡을 익히기 바랍니다.

그리고 『좌선의』에 보면, '음식을 너무 많이 먹고 배가 불러 호흡이 곤란한 상태는 안된다. 몸을 너무 뒤로 제껴서도 안된다. 몸을 앞으로 숙이면 잠이 온다' 는 등의 주의점을 말해 놓았습니다.

앞에서도 이야기하였듯이, 참선하는 사람은 말을 많이 하지 않아야 하고, 보아도 못본 척 들어도 못들은 척 해야 됩니다. 부인의 이야기든 남편의 이야기든 아이들의 이야기든 관여하려고 하면 안됩니다.

화두 하나에 의지하여 내쪽으로 자꾸 몰아 부쳐야 합니다. 그 힘이 없고 그 노력이 없으면 공부를 계속할 수 없습니다. 봐도 못본 척 안본 척, 바깥 쪽으로 생각을 걸지 말아야 합니다.

그런데 우리의 생각이라는 것이 참으로 묘할뿐 아니라, 생각의 작용은 아주 세밀합니다. 아무런 관계도 없는 고장을 관광버스를 타고 지나가다가 눈에 들어온 전봇대에 붙은 간판 글씨가 수십 년이 지나도 생각에 남아 있듯이, 우리의 정신이라는 것은 그렇게 날카롭습니다. 그러므로 될 수 있으면 바깥 경계를 걸지 말아야 합니다. 걸어놓으면 수시로 자꾸 나타나고, 그것을 지우려고 하면 힘이 들기 때문입니다.

참선을 하는 방법 중에 '전제(全提) 단제(單提)'라는 것이 있습니다. 전제는 처음부터 끝까지 화두이야기를 다 하는 것이고, 단제는 한 부분만 제기하는 것입니다.

무자 화두를 예로 들면, 전제는 "개에게 불성이 있습니까, 없습니까? 무니라. 왜 조주스님은 개에게 불성이 없다고 하셨는가?"를 다 마음으로 새기는 것입니다. 그리고 단제는 "왜 무라 하였는가?" 또는 "무?"라는 한 단락만 새기는 것입니다.

참선을 할 때 처음에는 번뇌를 다스리기 위해 전제와 단제를 함께 섞어 하지만, 나중에 조금 익숙해지면 전제가 거슬리게 됩니다. 익어지면 단제 속에 전제가 다 들어가게 되므로 저절로 단제가 되어버립니다. 그때까지는 전제와 단제를 함께 하는 것이 좋습니다.

부디 참선을 하고자 하는 불자, 참선을 하고 있는 불자들은 이상의 내용을 잘 새겨 정진력을 기르시고 스스로를 향상 시킬 것을 축원 드립니다.

Ⅵ. 수행 불자들께 드리는 당부

불교는 출발점이 같고 귀착점이 같다

이제 수행법에 대한 결론을 맺고자 합니다.

불교는 출발점이 같고 귀착점이 같으므로 중간에 가는 길이 조금 다른 것을 가지고 왈가왈부할 필요는 없습니다.

그럼 출발점은 무엇인가? 출발점이란 것이 마음도 아니고 부처도 아니고, 나도 아니고 남도 아니고, 빛깔도 없고 모양도 없고 소리도 없고 냄새도 없는 그것입니다.

그럼 귀착점은 어디인가? 결국 귀착점도 거기입니다.

경을 공부하는 분이나 선을 공부하는 분이나 출발점과 귀착점에 대해서는 똑같은 소리를 할 수 밖에 없고 그 테두리를 벗어날 수 없습니다. 그 자리의 입장에서 보면 "저 스님은 경하는 스님인데", "저 스님은 선하는 스님인데"라는 구별이 없습니다.

불교는 '마음 단속' 하는 이야기로 주종을 이루고, 마음 단속이 끝난 다음의 이야기도 모두 마음의 테두리 안에 있는 것입니다.

그러므로 화두선이나 각종 수행법을 논할 때 처음에는 무엇이 다르고 중간에는 또 무엇이 다르며 마지막에는 무엇이 다른 것이라고 규정을 짓고 있지만, 결국은 처음부터 끝까지 같은 테두리 속의 이야기입니다. 사람마다 조금씩 구분을 하지만, 그것 또한 구분 없는 속에서 일부러 구분을 하는 것과 다를 바가 없습니다.

참선뿐만이 아닙니다. 염불도 마음 단속이요 주력도 마음 단속이며, 참회 · 기도 · 간경(看經) 등의 모든 공부가 똑같은 마음의 단속이요 똑같은 자리에 있는 이야기이므로 달라질 수가 없는 것입니다.

다만 무슨 공부를 하든, '그 공부를 끊지 않고 꾸준히 끌고 나아가는 노력을 하느냐, 공부를 내버려 놓고 있느냐'의 차이입니다. 진실로, 늘 자기가 하는 공부에 뜻을 두고 거기에서 벗어나지 않도록 하는 노력이 가장 필요한 것입니다.

불교 공부는 '내'가 떨어지는 공부입니다. '내'가 있기 때문에 망상이 붙고 탈이 붙고 병이 붙습니다. 모두가 '내'가 만드는 것입니다. '나'가 첫 시작의 주춧돌이 되어서 줄줄이 들어붙이고 쌓아올립니다. 그러므로 '나'가 떨어지면 모든 장애가 다 떨어집니다. '나'가 있기 때문에 붙을 것이 다 붙지, '나'가 떨어졌는데 붙을 것이 어디 있습니까?

병든 사람이 기도를 하여 '나'라고 하는 생각이 떨어지는 차원까지 몰아부치면 병은 저절로 떨어집니다. 하지만 '나'가 있는 동안에는 병이 떨어지지 않습니다.

부디 명심하십시오. '나'를 떼어버리는 것이 불교 공부입니다. '나'의 가슴에 응어리가 풀어진 사람이 해탈한 사람입니다.

그러므로 평소에 지어나가는 공부를 끊지 않고 부지런히 계속하여, '나'라는 생각이 떨어질 때까지, 마지막에 도착할 때까지 노력을 게을리하지 말 것을 당부 또 당부 드립니다.

참회하는 생활 · 복 짓는 생활

이제 책을 마무리하면서 우리 불자들이 꼭 기억해야 할 한가지 사항을 이야기하고자 합니다. 그것은 '생활 속에서 참회하고 복을 지으라' 는 것입니다.

법계의 살림살이는 그냥 그대로 부처님의 살림살이이고, 법계의 불가사의한 모습 또한 모두가 부처님의 위신력으로 이루어지는 것입니다. 『관세음보살보문품』에서는 이에 대해 무궁무진한 방법으로 표현하고 있지만, 이 법계의 모든 것이 일부러 계획적으로 그렇게 하려고 하면 도저히 되지 않는 일들입니다. 왜냐하면 모양도 빛깔도 소리도 냄새도 없는 세계의 변화이기 때문입니다.

그런데 내가 특히 이야기하고 싶은 것은, 이 모양도 빛깔도 소리도 냄새도 없는 거기에 화산이 폭발하는 기운이 있고, 태풍이 모든 것을 흩어버리는 기운이 있고, 불이 모든 것을 자취도 없이 태워버리는 기운이 있고, 물이 모든 것을 뿌리까지 휘저어가는 기운이 있다는 것입니다.

이 기운이 좋은 쪽으로 움직이면 불보살님이 우리 앞

에 시현하시기도 하고 무한한 행복과 영광이 올 수도 있습니다. 그러나 이 기운이 잘못 흐를 때에는 아주 무서운 결과를 초래하게 됩니다. 이 기운 때문에 모든 것이 제자리를 유지하지 못하여 자꾸 흔들리게 되고 변하게 되는 것입니다.

그런데 이 기운의 움직임은 우리의 무엇과 관련이 있는가? 바로 우리의 마음가짐입니다. 마음가짐에 따라 이 기운의 움직임이 바뀌는 것이며, '나'가 바뀌고 세상이 바뀌는 것입니다.

지금 이렇게 쉽지 않은 이야기를 던지는 까닭은 우리의 마음이 모든 것을 바꾸는 근본이 된다는 것을 강조하기 위함입니다. 그러므로 마음을 절대 모질게 가지지 말고, 독한 씨앗을 뿌리지 말고, 언제나 순하게 순하게 풀어야 합니다.

실로 중생들은 눈 앞의 욕심 때문에 바로 눈 앞의 것만 보려고 할 뿐, 내가 뿌린 씨앗이 나한테 얼마나 무서운 열매가 되어 되돌아온다는 것을 생각하지 않고 살아갑니다. 그리하여 참으로 힘든 인연을 맺으며 살아갑니다. 쉽게 풀리지 않는 마음따라 괴롭게 살아야만 하는 세상살이….

그러나 지극한 참회의 한 생각이 무서운 과보를 일순간에 녹여버리는 기적을 나타내기도 합니다. 이러한 일들과 관련하여, 일본 정토진종의 한 스님이 6 · 25사변 당시 일본의 불교잡지에 실었던 신앙수기 한 편을 소개하겠습니다.

오사카시의 변두리에 있는 바닷가의 자그마한 마을에서 생긴 사건입니다. 어느 날 이른 아침, 할머니와 젊은 부인과 일곱살쯤 되어보이는 아이가 스님을 찾아왔습니다.

"스님, 이 아이는 제 손자인데, 태어날 때부터 벙어리였습니다. 내년에 학교를 보내야 하는데, 스님께서 이 아이가 말을 할 수 있도록 어떻게 좀 해주세요."

참으로 난감한 요구였지만, 스님은 마지못해 원리에 입각하여 답했습니다.

"대우주의 원리원칙은 하나입니다. 모든 사람들은 태어나면서부터 말을 하게 되어 있습니다. 그런데 저 아이가 말을 못하는 것은, 저 아이와 가장 가까운 사람들의 마음 속에 무엇인가 '말하면 안 돼, 말하면 안돼.

말할 수가 없잖아.' 하는 비밀을 간직하고 있기 때문입니다."

이 말이 떨어지기가 무섭게 할머니와 젊은 부인이 파랗게 질려 오들오들 떨고 있다가, 할머니가 입을 열었습니다.

"스님, 제가 영감을 죽였습니다. 그러나 직접 죽인 것은 아닙니다"

그리고는 젊었을 때 부터 지금까지의 이야기를 시작했습니다.

"큰 딸이 세살이고 작은 딸이 갓난 아기였을 때 남편은 동네 주막집의 여자와 눈이 맞아 도망을 갔습니다. 저는 집집마다 구걸도 하고 품팔이도 하여 고생 끝에 겨우 작은 세탁소를 차렸습니다. 우리는 부지런히 세탁소를 경영하여 두 딸 중 큰 딸은 데릴사위를 데려왔고 작은 딸도 결혼하여, 지나간 시간에 대해서는 다 잊고 편안하게 살고 있었습니다. 그런데 7년전의 섣달 새벽에 도망쳤던 남편이 칠십 먹은 노인처럼 변해버린 주름진 얼굴에 한쪽 다리는 불구가 되어 목발을 짚고 찾아왔습니다. 남편은 용서를 구하였지만, 저는 너무나 저주스러워 추운 마당에 영감을 세워놓고 할 소리

못할 소리 가리지 않고 욕을 퍼부었습니다. 사위가 야근으로 집을 비웠던 터라, 큰 딸도 뛰어나와 자기 아버지께 온갖 원망을 다 퍼부었습니다. 영감은 용서를 빌고 싶어 찾아왔는데 우리 모녀는 끝내 받아주지 않았습니다. 이튿날 아침, 신문에는 바다에 투신자살을 한 영감의 사진과 기사가 실려 있었습니다. 그런데도 '우리는 모른 척 했습니다. 우리를 버리고 간 영감인데, 잘못은 영감에게 있다'고 자위하면서…. 그 뒤 이 아이가 세상에 태어났습니다."

조용히 이야기를 듣고 있던 스님은 말했습니다.

"남편을 주막으로 내쫓은 사람은 누구입니까? 부인께서는 하루종일 밖에서 일하고 온 남편을 따뜻하게 맞이하고 편안하게 쉬도록 해 주셨습니까? '내가 남편을 내쫓았다'는 생각은 못하고, 부인께서는 처자식을 버리고 떠나간 남편에게 저주만 퍼부었지 않습니까? 더욱이 남편은 가족들을 잊지 못하고 한평생동안 죄의식 속에서 지내다가 마지막에 용서를 구하러 오지 않았습니까?"

그 말을 듣고 할머니는 한참동안 멍하니 앉았다가 갑자기 대성통곡을 하기 시작했습니다.

"스님의 이야기를 듣고보니 제가 참으로 몹쓸 인간입니다. 하나에서 열까지 모두가 제 잘못입니다."

곁에 있던 딸도 어머니를 따라 울기 시작했습니다. 그때 스님의 눈에는 그 모녀의 우는 모습이 참으로 거룩하게 보였습니다. 바로 그 순간, 바깥에서 놀던 아이가 할머니와 어머니의 통곡소리를 듣고 뛰어들어와서는 할머니의 목에 매달렸습니다.

"할머니 왜 울어? 할머니 왜 울어?"

"이 아이가 말을 했어! 말을 했어! 아, 지금까지 이 못난 할미가 너의 입을 막고 있었구나."

아이를 붙들고 함께 통곡하는 삼대! 그 통곡이 너무 깨끗하고 순수한 울음이었기에, 부처님의 법문처럼 거룩한 울음이었기에, 스님은 합장을 한 채로 오래오래 듣고 있었습니다.

☙

이 이야기가 깨우쳐주듯, 마음의 작용은 아이를 벙어리로 만들어버리는 무서운 과보를 가져오기도 합니다. 또, 한 생각을 가슴 밑바닥에서부터 완전히 돌려버릴 때 그렇게 무서운 과보도 원점에서 해결이 되는 크나큰 공덕이 있습니다.

마음 한번 바꿀 때, 생각 한번 돌이킬 때 부처도 되고 마왕도 된다는 부처님 말씀이 조금도 거짓이 아니라는 이야기입니다.

나의 경험으로 비추어 볼 때, 참회의 생활 이상으로 향상을 안겨주고 복을 얻게 하는 것은 없는 것 같습니다. 주력을 하거나 염불을 하면서 참회를 함께 꾸준히 하는 사람은 참으로 빨리 향상하는 것을 볼 수 있었습니다. 때때로는 참회야말로 수행의 궁극적인 방법이요 최상의 방편이라는 생각이 들기도 합니다.

실로 참회는 커다란 영험과 공덕을 지니고 있습니다. 그러므로 우리 불자들은 참회를 생활화해야 합니다. 늘 불자들에게 '마음의 응어리를 풀어라'고 합니다. 마음의 응어리를 남기면 나도 벗어나지 못하고 내 가족들도 절대 편안할 수가 없습니다. 자기의 욕심이 뿌리가 되어 눈밖의 세상은 쳐다보지 못하고 자기 눈에 걸리는 세계만을 고집합니다. 그러다보니 몸으로 말로 생각으로 업을 마구지어 그 속에서 허우적거리게 됩니다.

자기가 뿌리는 씨앗이 무서운 열매가 되어 자기의 발등에 떨어진다는 것을 능히 알 수 있는데도, 사람들은 그것을 생각하지 않고 삽니다. 법계라는 곳이 참으로 정확하고 무서운데도, 법계가 무섭다는 생각을 하지 않고 삽니다.

그러므로 언제나 참회하고 조심하며 살아야 합니다. 부처님 말씀처럼 신·구·의 삼업을 잘 조정하여, 신업(身業)에도 끌려가지 말고 구업(口業)에도 흔들리지 말고 의업(意業)에도 따라가지 말아야 합니다. 냉정한 마음을 잃지 말고, 작은 일이라도 나와 남이 손해 보지 않는 테두리 안에서 잘 풀어가며 살아야 합니다.

불교에서는 자기가 지은 업이 언제 과보로 나타나느냐에 따라 순현보(順現報)·순생보(順生報)·순후보(順後報)로 나눕니다. 곧 순현보는 이 몸을 가지고 지은 업을 이 몸으로 있을 때 과보를 받게 되는 것이고, 순생보는 이 몸을 가지고 저지른 일을 바로 다음 생에 몸을 받았을 때 부딪히는 것이며, 순후보는 지금 저지른 업에 대해 한 생이나 두 생을 건너 뛰어 받게 되는 것을 말합니다.

결국 우리가 지은 업의 과보가 언제 나타날지는 누구도 결론을 짓지 못합니다. 다만 부처님께서 "마음의 흐름이 수백 갈래지만 업이 무거운 쪽으로 떨어진다"고

하신 것처럼, 업이 큰 쪽은 먼저 당하고 업이 작은 쪽은 뒤에 당하게 되어 있습니다. 결국 자기가 저지른 과보는 자기가 당하게 되어 있습니다.

또한 우리는 과보가 과보를 부른다는 것을 생각하지 않고 살아갑니다. 과보의 시간이 한 생이나 두 생, 또는 저 멀리에 있어 지금 당장은 보이지 않으므로, '나'의 배짱대로 '나'의 욕심대로 '나' 하고 싶은대로 일을 저지르며 살아가는 이들이 있습니다. 그리고 이렇게 복을 터는 생활을 하면서 원망 섞인 말은 잊지 않습니다.

"나는 왜 이렇게 재수가 없어."

"나는 왜 이렇게 안돼."

특히 요즘 젊은 사람들의 노인층에 대한 처세를 보면 복을 터는 행동을 참으로 많이 합니다. 부모님을 서로 모시지 않으려는 이상한 자식들은 말할 것도 없고, 사회 전반적으로 노년층을 괄시하면서 노인들 말씀을 받아들이지 않는 것이 문제입니다. 노인들을 가까이 하다보면 그분들의 이야기를 통하여 우리가 받아들일 것, 배울 것들이 많습니다. 그러나 대화와 접촉이 없으므로 그 좋은 점들이 자꾸 끊어지고 사라져 버리는 것입니다.

정녕 복을 터는 사람은 복을 짓는 사람을 이겨낼 수 없습니다. 『해용왕경』에는 눈에 보이지 않는 복이 얼마나 무서운 작용을 하는가를 보여주는 재미있는 이야기가 있습니다.

아육왕은 용왕과 싸우기 위해 군사들을 이끌고 바닷가로 나갔습니다. 그러나 바다 속에 있는 용왕이 바다에서 나오지 않으므로 진을 치고 무작정 기다릴 수 밖에 없는 노릇이었습니다. 그때 지혜있는 한 신하가 이 전쟁에서 이길 수 있는 방법을 일러주었습니다.

"왕궁으로 돌아가서서 순금 한 근으로 대왕의 상과 용왕의 상을 만들어 저울대로 달아보십시오. 따로 달면 각각 한 근씩이 되겠지만, 저울대 양쪽에 올려놓으면 지금은 용왕쪽이 무거울 것이옵니다. 대왕께서는 그대로 두시고 복을 닦으셔야 합니다. 얼마동안 복을 닦으시다가, 대왕쪽이 무겁고 용왕쪽이 가벼워질 때 군사를 일으키면, 용왕이 스스로 나와 항복을 할 것입니다."

아육왕이 삼년동안 자선사업을 하며 복을 닦았을 때, 아육왕의 상이 용왕의 상보다 더 무거워졌습니다. 그 때 왕은 출병하여, 전투 없이 용왕의 항복을 받았습니다.

위의 이야기에서처럼, 눈에 보이지 않는 복이 인생살 이에서 무서운 작용을 하는 것입니다. 마땅히 우리도 복을 지어야 합니다. 거창한 복이 아니라도 좋습니다. 일상의 작은 것에서부터 복 짓는 일을 시작해야 합니 다.

가족이나 이웃간에 서로의 고마움을 고맙게 생각할 줄 알고, 수고를 끼친데 대해 미안해할 줄 알고, 지금 받고 있는 이 복을 감사하게 여기면 복이 사라지지 않 습니다. 이렇게 집안의 어른들이 일상에서 복 짓는 생 활을 하면, 아이들은 자연스럽게 그 생활을 이어받게 되어 있습니다.

실로 가장 가까운 곁에서 일어나고 있는 인과의 법칙 을 무시하지 말고, 나에게 찾아오는 과보가 어디에서 어떻게 떨어지는가를 생각하며 살아야 합니다.

부디 부지런히 정진하십시오. 다만 하루에 금강경 한

편씩이라도 읽거나 반야심경 세 편씩 읽으며 가족들을 축원하는 생활을 이어가면 그 공덕이 분명히 나타납니다.

하루에 천수다라니를 백팔편씩 외우거나 매일 백팔 배를 드리는 등의 정진을 꾸준히 행하게 되면, 가정은 물론이요 개인적으로도 지혜의 눈이 뜨이고 말귀를 알아들을 수 있게 되어 향상된 삶을 '나'의 것으로 만들 수 있습니다.

모름지기 공부의 연을 놓지말고 정성으로 닦아가면 반드시 바른 길로 가게 됩니다. 이제라도 자기 자신이 마음으로 복을 털고 행동으로 복을 털고 입으로 복을 터는 생활을 하고 있지는 않는지 냉정하게 살펴, 참회할 것이 있으면 참회하고 공부할 바를 정하여 정진한다면, 평생토록 세세생생토록 복덕을 누리며 살 수 있게 된다는 것을 꼭 유념하시기 바랍니다.

이제 나는 지극한 마음으로 축원을 드립니다. "부디 모든 불자들이 잘 수행하여 자타일시성불도(自他一時成佛道)를 성취하여지이다."

나무마하반야바라밀.

기도 및 영가천도의 지침서

광명진언 기도법 / 일타스님·김현준 　　　　신국판　176쪽　6,000원
광명진언 기도를 널리 펴고자 일타스님과 김현준 원장이 함께 저술한 책. 광명진언 속에 새겨진 참의미와 바른 기도법, 빠른 기도성취법 등을 자상하게 설하고, 유형별 기도성취 영험담을 다양하게 수록하였으며, 누구나 보기 쉽도록 큰활자로 발간하였습니다. 광명진언을 외우면 행복과 평화, 영가천도, 소원성취를 이룰 수 있습니다.

생활 속의 기도법 / 일타스님 　　　　　　신국판　160쪽　5,500원
불교계 최대의 베스트셀러! 일상생활에서 누구나 처할 수 있는 여러 가지 상황에 따른 구체적인 기도방법에서부터 특별기도성취법·영가천도기도법·기도할 때 지녀야 할 마음가짐까지, 자상한 문체로 예화를 섞어 쉽고 재미있게 엮었습니다.

기도 / 일타스님 　　　　　　　　　　　신국판　240쪽　8,000원
총 6장 52편의 다양한 기도 영험담으로 엮어진 이 책을 읽다보면 기도를 통해 틀림없이 부처님의 가피를 입을 수 있음을 확신할 수 있게 되고, 올바른 기도법과 함께 기도성취의 지름길을 알 수 있게 됩니다.

기도성취 백팔문답 / 김현준 　　　　　　신국판　240쪽　8,000원
기도에 대한 정의·기도와 믿음·업장소멸의 방법·꾸준한 기도의 효험·원을 세우는 법·축원법·각종 기도가피와 기도성취의 시기·성취를 위한 하심법下心法 등 기도에 관한 궁금증들을 문답형식으로 자상하게 풀이하였습니다.

참회와 사랑의 기도법 / 김현준 　　　　　신국판　192쪽　6,500원
총 84가지 문답을 통하여 참회의 정의에서부터 참회기도를 해야하는 까닭, 절을 통한 참회법·염불참회법·주력참회법·가족을 향한 참회법, 기도 축원의 구체적인 내용 및 자비의 기도가 갖는 효과, '백중과 영가천도'등에 대해 아주 상세하게 설명하고 있습니다.

참회·참회기도법 / 김현준 　　　　　　신국판　160쪽　5,500원
참회의 참된 의미, 절·염불을 통한 참회법, 참회인의 마음가짐, 이참법 등을 영험담들과 함께 감동 깊게 엮은 책으로, 참회를 통해 행복하고 자유로운 삶을 사는 방법을 열어주고 있습니다.

불교의 자녀사랑 기도법 / 김현준 　　　　신국판　160쪽　5,500원
사랑하는 자녀들을 가장 잘 사랑할 수 있는 방법을 부처님의 가르침에 의지하여 정립하고 생활화한 책입니다. 이 책의 가르침을 따라 자녀를 사랑하고 기도해보십시오. 우리의 자녀들이 뜻하는 바 소원을 성취하고, 행복과 평화를 누릴 수 있게 될 것입니다. 부록으로 부모님께 효도하여야 하는 까닭과 방법도 수록하였습니다.

신묘장구대다라니 기도법 / 우룡스님·김현준　신국판 208쪽 7,000원
신묘장구대다라니를 외우면 생겨나는 가피와 공덕, 기도의 방법과 주의할 점, 우룡스님이 들려주는 14편의 영험담, 대다라니의 근본경전인 『무애대비심다라니경』을 수록하고 있는 이 책을 읽고 자신있게 기도하면 심중소원의 성취와 기적같은 체험도 할 수 있습니다.

기도 성취의 지름길 / 우룡스님　　　　　4×6판 160쪽 4,500원
가족을 위한 기도와 기도 성취의 원리에 초점을 맞춘 감동적인 기도법문입니다. 제1부「가족 행복을 위한 기도」에서는 가족을 향한 참회와 절의 필요성, 3배 기도의 큰 영험에 대해 일러주고 있으며, 제2부「빠른 기도 성취의 길」에서는 믿음과 정성이 뒤따라야 기도 성취를 잘할 수 있고, 기도의 고비를 잘 넘겨야 능히 행복과 대해탈의 문이 열린다는 것을 많은 이야기를 곁들여 설하고 있습니다.

기도 이야기 / 우룡스님　　　　　　　　신국판 204쪽 7,000원
"스님, 기도로 소원을 성취할 수 있습니까?" 총 6장 45편의, 참으로 재미있는 기도성취 영험담이 수록된 이 책을 읽고 기도를 하면, 불보살님과 통하는 감응의 길이 열리면서 심중소원을 빨리 성취하게 됩니다. 또한 이야기 끝에 붙인 큰스님의 해설은 기도의 방법을 쉽게 터득할 수 있도록 이끌어줍니다.

영가천도 / 우룡스님　　　　　　　　　신국판 160쪽 5,500원
영가의 장애를 느끼십니까? 돌아가신 영가를 영가를 제대로 천도해 드리지 못했습니까? 영가천도의 필요성과 기본자세, 염불·독경·사경을 통한 영가천도, 49재, 낙태아 천도 등 영가천도에 관한 궁금증 및 천도의 방법을 우룡스님의 자세한 법문으로 풀어드립니다.

미타신앙·미타기도법 / 김현준　　　　신국판 160쪽 5,500원
아미타불의 참 모습에서부터 극락에서 누리는 행복, 칭명염불·오회염불·관상염불·천도염불 등의 각종 염불수행법과 함께 임종하는 이를 위한 의식과 49재 기간의 행법 등을 자세히 밝히고 있습니다.

관음신앙·관음기도법 / 김현준　　　　신국판 240쪽 8,000원
관세음보살의 구원 능력, 주요 경전 속의 관음관, 11면관음·천수관음·32응신·33관음 등 자비관음의 여러 가지 모습, 일심칭명 일념염불의 관음기도법, 독경 사경 기도법, 다라니 염송 기도법 등을 자세하고도 알기 쉽게 풀이하였습니다.

지장신앙·지장기도법 / 김현준　　　　신국판 192쪽 6,500원
지장신앙 속에는 영가천도뿐만이 아니라 현세에서의 행복과 깨달음, 성불의 비결까지 간직되어 있습니다. 이러한 지장신앙의 여러 측면과 함께 생활 속에서 할 수 있는 지장기도법을 자세히 밝혀놓았습니다.

병환과 기도 / 일타스님·김현준　　　　4×6판 84쪽 2,500원

많이 찾는 기도 독송용 경전

✿

한글 『법화경』과 『법화경 한글사경』

불교 최고 경전인 법화경! 이 경을 독송하고 사경해 보십시오.
소원성취는 물론 깨달음과 경제적인 풍요까지 안겨줍니다.

법화경 (독송용) 김현준 역   4×6배판 총 22,000원
전3책 제1·2책 176쪽 7,000원 제3책 192쪽 8,000원

법화경 한글사경 김현준 역 4×6배판 총 22,500원
전5책 각권 120쪽 내외 권당 4,500원

지장경 김현준 편역   4×6배판 208쪽 8,000원

이 책은 지장기도를 하는 분들을 위해 ① 지장경을 처음부터 끝까지 1번 독송,
② '나무지장보살'을 천번염송,   ③ 지장보살예찬문을 외우며 158배,
④ '지장보살'천번 염송의 4부로 나누어 특별히 만들었습니다.
지장경 독경 및 지장보살예참과 염불을 할 때, 각 장 앞에 제시된 기도법에 따라
기도를 하면, 영가천도·업장소멸·소원성취·향상된 삶을 이룩할 수 있습니다.

자비도량참법 / 김현준 역   양장본 528쪽 22,000원
참되이 참회하시기를 원하십니까? 자비도량참법 기도를 하면 나의 허물과 죄업의
참회에서 시작하여 부모 스승 친척 등 육도 속을 윤회하는 온 법계 중생의 업장과
무명까지 모두 소멸시켜주며, 자비가 충만해지고 환희심이 넘쳐나게 됩니다.

원각경 / 김현준 편역   4×6배판 192쪽 8,000원
한국불교의 근본 경전인 원각경을 수십 차례 번역·수정·윤문하여 쉽게 이해할 수 있도록 하
였습니다. 한글과 원문을 바로 옆에 두어 대조하며 읽을 수 있습니다.

유마경 / 김현준 역   4×6배판 296쪽 12,000원
보살의 병, 불도란 어떤 것인가? 깨달음의 세계로 들어가는 불이법문, 참된 불국토를 건설하는
방법 등등 매우 소중한 가르침들을 가득 담고 있는 이 경을 읽다보면 마음이 탁 트입니다.

승만경 / 김현준 편역   4×6배판 144쪽 5,500원
여인의 성불 수기와 함께 승만부인의 서원, 정법·번뇌·법신·일승·사성제·자성청정심·여
래장사상 등을 분명히 밝힌 보배로운 경전입니다.(한글 한문 대조본)

보현행원품 / 김현준 편역   4×6배판 112쪽 4,500원
행원품과 예불대참회문을 함께 실어 독경 후 행원품에 근거한 정통 108배를 행할 수 있도록
만들었으며, 독송 방법과 대참회의 의미 등도 상세히 설명하였습니다.

밀린다왕문경 / 김현준 편역   신국판 204쪽 7,000원
그리스 왕인 밀린다와 불교 승려인 나가세나가 인생과 불교에 대해 대론한 것을 정리한 경전.
윤회·업·수행·지혜·해탈 등에 대한 조리정연한 번역이 신심을 더욱 불러일으킵니다.

● 아름다운 우리말 경전 시리즈 ●

〈가지고 다니면서 틈틈이 읽게 되면 독송과 기도에 큰 도움이 됩니다〉

금강경 / 우룡스님 역 　　　　　　　　　　국반판 100쪽 2,000원
'금강경을 우리말로 보급하겠다'는 원력에 의해 제작된 책.

관음경 / 우룡스님 역 　　　　　　　　　　국반판 100쪽 2,000원
관음경의 번역과 함께 관음기도와 염불법에 대해 자세히 설한 책.

보현행원품 / 김현준 편역 　　　　　　　　국반판 100쪽 2,000원
보현보살의 십대원을 설하여 참된 보살의 길로 이끌어주는 책.

약사경 / 김현준 편역 　　　　　　　　　　국반판 100쪽 2,000원
한글 번역과 함께 약사기도법과 약사염불법에 대해 자세히 설한 있는 책.

지장경 / 김현준 편역 　　　　　　　　　　국반판 196쪽 3,500원
편안한 번역으로 쉽게 이해할 수 있도록 하였으며, 기도법도 자세히 수록한 책.

부모은중경 / 김현준 역 　　　　　　　　　국반판 100쪽 2,000원
부모님의 은혜를 느끼며 기도를 할 수 있게 엮은 책.

초발심자경문 / 일타스님 역 　　　　　　　국반판 100쪽 2,000원
신심을 굳건히 하고 수행에 대한 마음을 불러일으키게끔 하는 책.

법요집 / 불교신행연구원 편 　　　　　　　국반판 100쪽 2,000원
법회와 수행 시에 필요한 각종 의식문, 좋은 몇 편의 글들을 수록한 책.

선가귀감 / 서산대사 저 · 용담스님 역 　　　국반판 160쪽 3,000원
선수행 뿐 아니라 참회 염불 육바라밀 등 불교의 요긴한 가르침을 담은 책.

금강경 / 우룡스님 역 　　　　　　　　4×6배판 112쪽 4,500원
책 크기만큼 글씨도 크게 하고 한자 원문도 수록하였으며, 독송에 관한 법문도 첨부하였습니다. 사찰 및 가정에서의 독송용으로 매우 좋습니다.

아미타경 / 김현준 편역 　　　　　　　4×6배판 92쪽 3,500원
아주 큰 활자 번역본으로, 독경 및 '나무아미타불' 염불 방법을 함께 실었습니다. 사찰에서 대중이 함께 독송할 때 또는 집에서 독송할 때 매우 유용합니다.

무량수경 / 김현준 역 　　　　　　　　4×6배판 176쪽 7,000원
아미타불은 어떠한 분이며, 극락의 장엄과 멋과 행복은 어떠한가? 극락에 왕생하려면 현생에서 어떻게 닦아야 하는가를 자세하게 설하고 있어, 독송을 하면 신심이 깊어집니다.

약사경 / 김현준 편역 　　　　　　　　4×6배판 100쪽 4,000원
아주 큰 활자로 약사경 한글 번역본을 만들었습니다. 약사경 독경 방법 및 약사염불법도 함께 실어 기도에 도움이 되도록 하였습니다.

관음경 / 우룡스님 역 　　　　　　　　4×6배판 96쪽 4,000원
커다란 글씨의 관음경 해설과 함께 관음경의 원문과 독송법, 관음 염불 방법 등을 수록하여 관음경의 가르침을 쉽게 이해하도록 하였습니다.

천지팔양신주경 / 김현준 역 　　　　　4×6배판 96쪽 4,000원
건축 · 결혼 · 출산 · 사업 · 죽음 등 평생의 삶 중에서 중요한 때마다 이 경을 3~7번 독송하면 크게 길하고 이롭고 장수하고 복덕을 갖추게 된다고 합니다.

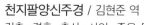

알기 쉬운 경전 해설서

생활 속의 반야심경 / 김현준　　　　　　　　　　　신국판　240쪽　8,000원
공空의 의미, 모든 괴로움의 원인과 괴로움에서 벗어나는 방법, 색즉시공 공즉시색의 참
뜻, 걸림 없고 진실불허한 삶을 이루는 방법 등을 반야심경의 경문을 따라 쉽고 상세하고
재미있게 풀이하고 있습니다.

화엄경 약찬게 풀이 / 김현준　　　　　　　　　　　신국판　216쪽　7,000원
불자들이 자주 독송하는 화엄경약찬게! 화엄경약찬게를 그냥 읽으면 참으로 어렵고 무슨 내
용인지 알 수 없지만 이 풀이를 본 다음에 읽으면 약찬게를 명확히 파악할 수 있게 될 뿐 아
니라 화엄경의 내용까지 꿰뚫어 환희심이 샘솟고 대화엄의 세계에서 노닐 수 있게 됩니다.

생활 속의 천수경 (개정판) / 김현준　　　　　　　신국판　240쪽　8,000원
천수관음이 출현하신 까닭, 천수관음을 청하는 법과 가피를 얻는 법, 신묘장구대다라니의
풀이와 공덕, 찬탄의 공덕과 참회성취의 비결, 준제기도 및 주요 진언 속에 깃든 의미, 여래
십대발원문 사홍서원 삼귀의 의미 등을 상세히 풀이하였습니다.

생활 속의 금강경 / 우룡스님　　　　　　　　　　신국판　304쪽　9,000원
금강경의 심오한 내용을 알기 쉽게 풀이하고 일상생활과 접목시켜 강설함으로써 삶의 현
장에서 금강경의 가르침을 능히 응용할 수 있도록 하였고, 감동을 주는 일화들을 많이 삽
입하여 재미를 더해주고 있습니다.

생활 속의 관음경 / 우룡스님　　　　　　　　　　신국판　240쪽　8,000원
관세음보살보문품인 관음경을 통하여 관세음보살의 본질, 일심칭명과 재난 소멸법, 공경
예배와 소원 성취법, 관세음보살을 관하는 법 등에 대해 여러 가지 영험담과 함께 감동적
으로 풀이하고 있습니다.

생활 속의 보왕삼매론 / 김현준　　　　　　　　　신국판　240쪽　8,000원
『보왕삼매론』을 해설한 이 책은 병고 해탈, 고난 퇴치, 마음공부와 마장 극복, 일의 성취,
참사랑의 원리, 인연 다스리기, 공덕 쌓는 법, 이익과 부귀, 억울함의 승화 등 누구나 인생
살이에서 겪게 되는 장애들을 속 시원하게 뚫어주고 있습니다.

천지팔양신주경 사경 (1책으로 3번 사경)　　　　4×6배판　112쪽　4,500원
옛부터 건축·결혼·출산·사업·죽음 등 평생의 삶 중에서 중요한 때마다 읽고 쓰면 크
게 길하고 이롭고 장수하고 복덕을 갖추게 된다고 전해지고 있습니다.

부모은중경 사경 (1책으로 3번 사경)　　　　　　4×6배판　112쪽　4,500원
부처님께서는 부모님의 은혜를 새기면서 이 경을 쓰게 되면 그 어떤 행보다 큰 공덕이 생
겨난다고 하였습니다. 정성 들여 사경하면 뜻하는 바가 이루어집니다.

보왕삼매론 사경 (1책으로 50번 사경)　　　　　4×6배판　120쪽　4,500원
보왕삼매론을 사경하면 재앙이 소멸됨은 물론이요 생활 속의 걸림돌이 디딤돌로 바뀌고
고난이 사라져 하루하루가 편안해집니다.

보현행원품 한글사경 (1책으로 3번 사경)　　　　4×6배판　120쪽　4,500원
행원품을 사경하면 자리이타의 삶과 업장 참회, 신통·지혜·복덕·자비 등을 빨리 이룰
수 있고 세세생생 불법과 함께하며 보살도를 성취할 수 있습니다.

약사경 한글사경 (1책으로 3번 사경)　　　　　　4×6배판　112쪽　4,000원
약사경을 사경하면 약사여래의 가피가 저절로 찾아들어, 병환의 쾌차, 집안 평안, 업장소
멸을 비롯한 갖가지 소원을 쉽게 성취할 수 있습니다.

영험 크고 성취 빠른 각종 사경집 (책 크기 4×6배판)

광명진언 사경 (가로쓰기:1080번 사경)   128쪽   5,000원
광명진언 사경 (세로쓰기:1080번 사경)   128쪽   5,000원
눈으로 보고 입으로 외우고 손으로 쓰고 마음으로 새기는 광명진언 사경은 크나큰 성취를 안겨줍니다.

금강경 한글사경 (1책으로 3번 사경)   144쪽   5,500원
금강경 한문사경 (1책으로 3번 사경)   144쪽   5,500원
금강경 한문한글사경 (1책으로 1번 사경)   100쪽   4,000원
요긴하고 으뜸된 경전인 금강경을 사경해 보십시오. 업장소멸과 함께 크나큰 깨달음과 좋은 일들이 저절로 다가옵니다.

아미타경 한글사경 (1책으로 7번 사경)   116쪽   4,500원
살아 생전 또는 부모나 가까운 분이 돌아가셨을 때 이 경을 쓰면 극락왕생이 참으로 가까워집니다.

반야심경 한글사경 (1책으로 50번 사경)   116쪽   4,500원
반야심경 한문사경 (1책으로 50번 사경)   116쪽   4,500원
반야심경을 사경하면 호법신장이 '나'를 지켜주고, 공의 도리를 깨달아 평화롭고 안정된 삶이 함께 합니다.

신묘장구대다라니 사경 (50번 사경)   116쪽   4,500원
대다라니를 사경하면 관세음보살님과 호법신장들이 '나'와 주위를 지켜주고 소원성취와 동시에, 행복하고 자비심 가득한 마음을 가질 수 있도록 해줍니다.

천수경 한글사경 (1책으로 7번 사경)   112쪽   4,500원
천수경을 사경하고 독송하면 천수관음의 가피가 저절로 찾아들어, 업장 및 고난의 소멸과 갖가지 소원을 쉽게 성취할 수 있습니다.

관음경 한글사경 (1책으로 5번 사경)   112쪽   4,500원
관음경을 사경하면 늘 행복이 함께하며, 학업성취·건강쾌유·자녀의 성공·경제 문제 등에도 영험이 매우 큽니다.

지장경 한글사경 (1책으로 1번 사경)   144쪽   5,500원
지장경을 사경하고 독송하면 영가천도는 물론이요, 각종 장애가 저절로 사라지고 심중의 소원이 성취됩니다.

아미타불 명호사경 (1책으로 5,400번 사경)   160쪽   6,000원
'나무아미타불'과 '아미타불'을 오회염불법에 따라 외우고 쓰는 특별한 명호사경집입니다. 집중력을 더하여, 심중 소원 성취에 큰 도움을 줍니다.

관세음보살 명호사경 (1책으로 5천4백번 사경)
지장보살 명호사경 (1책으로 5천번 사경)   각 권 108쪽   4,500원
'관세음보살'이나 '지장보살'의 명호를 쓰면서 입으로 외우고 마음에 새기면, 관세음보살님과 지장보살님의 가피를 입어 몸과 마음이 큰 변화를 이루고, 마음속의 원을 능히 성취할 수 있습니다.

알기 쉬운 불교근본교리(국판)

삼보와 삼학 / 원산스님   200쪽   6,500원
불자들이 꼭 알아야 할 불·법·승 삼보와 계·정·혜 삼학에 대해 저자가 고금을 꿰뚫는 안목으로 깊이있게 집필한 책

불교란무엇인가 / 우룡스님   160쪽   5,500원
불교는 해탈의 종교, 해탈을 얻는 원리, 무엇이 부처인가, 소승과 대승불교, 불자의 실천 등 핵심되는 가르침을 설한 책.

육바라밀 / 김현준   192쪽   6,500원
대승불교의 기본이 되는 보시·지계·인욕·정진·선정·반야바라밀을 일상생활과 접목시켜 쉽고도 재미있게 서술한 책.

사성제와 팔정도 / 김현준   240쪽   8,000원
부처님께서 행복한 삶을 열어주기 위해 창안한 불교 핵심 교리를 정말 알기 쉽고 자상하고 감동적으로 엮은 책.

자비 실천의 길 사섭법 / 김현준   192쪽   6,500원
보시·애어·이행·동사의 사섭법이 필요한 까닭부터 잘 실천하고 잘 성취할 수 있는 방법을 자세히 제시한 책.

삼법인·중도 / 김현준   160쪽   5,500원
제행무상·제법무아·열반적정의 삼법인과 중도의 의미, 중도속의 수행과 삶 등에 대해 일목요연하게 정리한 책.

인연법 / 김현준   224쪽   8,000원
인연법을 삶·괴로움·진리·마음씨·희망·행복·기도성취 등의 다양한 측면과 연결시켜 삶을 윤택하게 만들어주는 책.

육조단경(덕이본德異本) 증보개정판 / 김현준 역 4X6배판 208쪽 8,000원
육조 혜능대사께서 설한 선종의 근본 경전으로, 인간의 참된 본성을 보게 하여 마음을 치유하고 깨달음을 열어줍니다. 계속 정독하면 영성이 깨어나고 대자유인이 될 수 있습니다. 증보개정판을 내면서 한글 번역 옆에 한자 원문을 붙여 뜻을 잘 이해할 수 있도록 하였으며, 글씨를 조금 더 크고 뚜렷하게 하여 읽기 좋도록 하였습니다.

선가귀감 / 서산대사 저 김현준 역   4X6배판 136쪽 5,500원
조선시대 최고의 고승인 서산대사께서 선禪에 대한 다양한 가르침을 중심에 두고 참회·염불·계율·육바라밀·도인의 삶 등을 간절하게 설하여 불자들의 신심과 정진에 큰 도움을 주는 소중한 책입니다. 읽으면 읽을수록 쾌락함과 깊은 맛을 느낄 수 있습니다.   (한글 한문 대조본)

법보시를 원하시는 분은 출판사로 연락 주십시오. 할인혜택을 드립니다.
전화 02-587-6612, 582-6612 팩스 02-586-9078